Textos Literarios y Ejercicios

PSL
(School of Plant
Sciences)

TEXTOS
LITERARIOS
Y EJERCICIOS

NIVEL AVANZADO

Concepción Bados Ciria

UNIVERSIDAD DE
ALCALÁ

Equipo de la Universidad de Alcalá
Dirección: María Ángeles Álvarez Martínez

Programación: María Ángeles Álvarez Martínez
                 Ana Blanco Canales
                 María Jesús Torrens Álvarez

Autora: Concepción Bados Ciria

© Del texto: Alcalingua, S. R. L., Universidad de Alcalá, 2001
© De los dibujos: Grupo Anaya, S. A., 2001
© De esta edición: Grupo Anaya, S. A., 2001
                 Juan Ignacio Luca de Tena, 15 - 28027 Madrid

Depósito legal: M-30704-2001
ISBN: 84-667-0057-9
Printed in Spain
Imprime: Coimoff, S. A. Madrid

Equipo editorial
Edición: Milagros Bodas, Carolina Frías, Sonia de Pedro
Equipo técnico: Javier Cuéllar, Laura Llarena
Ilustración: El Gancho (Tomás Hijo, José Zazo y Alberto Pieruz)
Cubiertas: Taller Universo: M. Á. Pacheco, J. Serrano
Diseño y realización de interiores: JV, Diseño Gráfico, S. L.

Expresamos nuestro agradecimiento al Vicerrectorado de Investigación de la Universidad de Alcalá, por el proyecto subvencionado "Frecuencia de uso y estudio del léxico con especial aplicación a la enseñanza del español como lengua extranjera" (II004/2000); y muy especialmente al Vicerrector de Extensión Universitaria de esta Universidad, profesor Antonio Alvar Ezquerra, por haber acogido con entusiasmo nuestro proyecto y habernos prestado desde sus comienzos su inestimable apoyo y ayuda.

Dentro de los materiales complementarios del método SUEÑA, diseñado para la enseñanza del español a extranjeros desde el Nivel Inicial hasta el Nivel de Perfeccionamiento, presentamos la colección TEXTOS LITERARIOS Y EJERCICIOS, concebida como material de refuerzo en el aula, pero que además puede servir como libro de lectura, con independencia del método SUEÑA.

Este libro recoge diez textos literarios originales, que se corresponden con el Nivel Avanzado. Al principio de cada lectura se presenta una breve referencia del autor, y después del texto literario –acompañado de un vocabulario básico– se ofrece una serie de actividades, donde se trabajan el léxico y aspectos gramaticales. Por último, hay un apartado dedicado a la expresión oral y escrita.

Al final se ofrecen las soluciones a los ejercicios. En la última sección del libro se recoge el vocabulario fundamental de todos los textos.

ÍNDICE

LECTURAS
Y EJERCICIOS

RUBÉN DARÍO

1 *Acuarela*

Rubén Darío (1867-1916). Autor, entre otras obras, de *Azul* (1888), *Prosas profanas y otros poemas* (1896-1901) y *Cantos de vida y esperanza* (1905), este escritor nicaragüense es considerado como el padre del modernismo en las letras hispanas. Sin duda fue él quien revolucionó el idioma español en el ámbito de la literatura hasta el punto de transformar lo concreto, lo doméstico y lo particular en abstracto, exótico y universal.

VOCABULARIO BÁSICO
acuarela, miel, cáliz, cumbres, enjambre, arneses, libreas, lirios, querubín, marfil, manca, oleaje, cuchicheo, invernal, emperatriz, carruajes, primaveral, abejeo, soberbia, fachada

Primavera. Ya las azucenas floridas y llenas de miel han abierto sus cálices pálidos bajo el oro del sol. Ya los gorriones tornasolados, esos amantes acariciadores, adulan a las rosas frescas, esas opulentas y purpuradas emperatrices; ya el jazmín, flor sencilla, tachona los tupidos ramajes como una blanca estrella sobre un cielo verde. Ya las damas elegantes visten sus trajes claros, dando al olvido las pieles y los abrigos invernales.

Y mientras el sol se pone, sonrosando las nieves con una claridad suave, junto a los árboles de la alameda que lucen sus cumbres

resplandecientes, su esbeltez solemne y sus hojas nuevas, en un polvo de luz, bulle un enjambre humano, en un ruido de música, cuchicheos vagos y palabras fugaces.

He aquí el cuadro. En primer término está la negrura de los coches que esplende y quiebra los últimos reflejos solares; los caballos, orgullosos con el brillo de sus arneses, con sus cuellos estirados e inmóviles de brutos heráldicos; los cocheros, taciturnos, en su quietud de indiferentes, luciendo sobre las largas libreas los botones metálicos flamantes; y en el fondo de los carruajes, reclinadas como odaliscas, erguidas como reinas, las mujeres rubias de los ojos soñadores, las que tienen cabelleras negras y rostros pálidos, las rosadas adolescentes que ríen con alegría de pájaro primaveral; bellezas lánguidas, hermosuras audaces, castos lirios albos y tentaciones ardientes.

En esa portezuela está un rostro apareciendo de modo que semeja el de un querubín; por aquélla ha salido una mano enguantada que se dijera de niño, y es de morena tal que llama los corazones; más allá se alcanza a ver un pie de Cenicienta con su zapatito oscuro y media lila, y acullá, gentil con sus gestos de diosa, bella con su color de marfil amapolado, su cuello real y la corona de su cabellera, está la Venus de Milo, no manca, sino con dos brazos, gruesos como los músculos de un querubín de Murillo y vestida a la última moda de París.

Más allá está el oleaje de los que van y vienen: parejas de enamorados, hermanos y hermanas, grupos de caballeritos irreprochables: todo en la confusión de los rostros, de las miradas, de los colorines, de los vestidos, de las capotas, resaltando a veces en el fondo negro y aceitoso de los elegantes sombreros de copa, una cara blanca de mujer, un sombrero de paja adornado de colorines, de cintas o de plumas, o el inflado globo rojo de goma, que pendiente de un hilo lleva un niño risueño, de medias azules, zapatos charolados y holgado cuello a la marinera.

En el fondo, los palacios elevan al azul la soberbia de sus fachadas, en las que los álamos erguidos rayan columnas hojosas entre el abejeo trémulo y desfalleciente de la tarde fugitiva.

Darío: Poemas en prosa. Azul. Cuentos.
Madrid, Aguilar, 1970.

▦ EJERCICIOS PARA EL ESTUDIO DEL LÉXICO Y LA COMPRENSIÓN DEL TEXTO ▦

Haz una lista con las palabras que en el texto se relacionan con el campo temático: ALAMEDA.

Clasifica los sustantivos que aparecen en el texto en las siguientes categorías:
humanos
animales
vegetales
otros objetos

Relaciona formando parejas de sinónimos.

floridas, acariciadores, frescas, tupidos, claros, irreprochables, aceitoso, abundantes, risueño, fugitiva

huidiza, floreadas, suaves, espesos, vivas, correctos, lustroso, opulentas, limpios, alegre

Relaciona formando parejas de antónimos.

pálidos, sencilla, otoñal, resplandecientes, vagos, fugaces, lánguida, audaz, albo, inflado

solemne, primaveral, opacas, coloridos, permanentes, intensos, alegre, tímida, moreno, desinflado

Señala si son verdaderas o falsas las afirmaciones siguientes:

1. Es primavera y las damas van muy elegantes............................. V F

2. En la alameda no hay apenas gente al atardecer........................ V F

3. Algunos carruajes pasan por el parque.................................. V F

4. El narrador está impresionado por la belleza de las mujeres........... V F

5. El narrador se fija principalmente en los niños del parque............. V F

6. La alameda está situada delante de varios palacios.................... V F

7. Los árboles no tienen hojas y no se ven flores......................... V F

8. Se está poniendo el sol mientras el narrador describe la escena....... V F

9. Todo es armonía y belleza para el narrador............................ V F

Sustituye el adjetivo por un sustantivo y una preposición:

1. los reflejos solares

2. las pieles y los abrigos invernales

3. un enjambre humano

4. los botones metálicos

5. pájaro primaveral

6. una mano enguantada

7. un sombrero adornado de colorines

8. zapatos charolados

Di qué significado tienen los términos subrayados. Consulta el diccionario.

1. Los caballos, <u>orgullosos</u> con el brillo de sus arneses.

2. Los cocheros, <u>taciturnos</u>, en su quietud de indiferentes.

3. Los gorriones tornasolados, esos <u>amantes acariciadores</u>, adulan a las rosas frescas.

4. Reclinadas como odaliscas, <u>erguidas como reinas</u>, las mujeres rubias de los ojos soñadores.

5. Un pie de Cenicienta con su zapatito <u>oscuro</u> y media <u>lila</u>.

6. Grupos de caballeritos <u>irreprochables</u>.

7. Los álamos <u>erguidos</u> rayan columnas <u>hojosas</u> entre el abejeo <u>trémulo</u> y <u>desfalleciente</u> de la tarde <u>fugitiva</u>.

8. Las damas <u>elegantes</u> visten sus trajes <u>claros</u>.

Di qué significan los adjetivos en las frases siguientes. Consulta el diccionario.

1. Esas opulentas y atornasoladas emperatrices.

2. Las rosadas adolescentes.

3. Castos lirios albos.

4. Los elegantes sombreros de copa.

5. El inflado globo rojo de goma.

6. Holgado cuello a la marinera.

7. Lucen sobre las largas libreas los botones metálicos.

Completa los espacios en blanco con las palabras del recuadro.

> *metálicos, carruajes, odaliscas, reinas, cuadro, negrura, caballos, arneses,*
> *rubias, solares, heráldicos, cocheros, cabelleras, soñadores, bellezas,*
> *tentaciones, rosadas, primaveral*

He aquí el .... En primer término está la ....

de los coches que esplende y quiebra los últimos reflejos ....;

los ...., orgullosos con el brillo de sus ...., con

sus cuellos estirados e inmóviles de brutos ....; los

....................., taciturnos, en su quietud de indiferentes, luciendo

sobre las largas libreas los botones .... flamantes; y en el

fondo de los ...., reclinadas como ....,

erguidas como ...., las mujeres .... de los ojos

....................., las que tienen .... negras y rostros páli-

dos, las .... adolescentes que ríen con alegría de pájaro

.....................; .... lánguidas, hermosuras audaces, castos

lirios albos y .... ardientes.

Expresión oral y escrita

1. El texto destaca por la profusión de adjetivos, además de por el uso continuo de una figura retórica: la metáfora. No debe extrañarnos, pues está escrito a principios del siglo XX y pertenece a la corriente estética conocida como modernismo. ¿Qué impresión te produce el texto? ¿Se corresponde su contenido con el título? Al leerlo, ¿te imaginabas un cuadro, como sugiere el autor?

2. Enumera los objetos, personas, animales, árboles y plantas nombrados y descritos por el autor en el texto. Todos ellos se encuentran en el cuadro, que representa una alameda o parque en un atardecer primaveral.

3. El tono empleado por el autor es armonioso y gozoso. Sin duda ama la primavera, que le provoca un estado de ánimo feliz y dichoso. Escribe qué estados de ánimo te producen a ti las diferentes estaciones. ¿Cuál es tu preferida? Comenta por qué.

4. Escribe una redacción en la que describas un parque o plaza en pleno invierno en un lugar que conozcas bien. Después, describe ese mismo lugar en verano utilizando gran variedad de adjetivos.

JAVIER TOMEO

Braquicefalias

Javier Tomeo nació en Quincena (Huesca) en 1932. Ha publicado las novelas *El cazador* (1967), *La ciudad de las palomas* (1988), *El gallitigre* (1990) y *Butaca de patio* (1991). Entre sus libros de cuentos destacan *Historias mínimas* (1989) y *Bestiario* (1988).

VOCABULARIO BÁSICO
braquicefalia, occipital, soltero, desconcierto, cráneo, mesocéfalo, dolicocéfalo, carcajada, cabezón, mentón, diámetro, agallas, calabaza, lágrimas

Esta mañana un compañero de la oficina me llamó braquicéfalo y me dijo que, como todos los braquicéfalos, también yo tengo la cabeza corta, el occipital aplanado y que, si no fuese calvo, tendría el pelo negro, áspero y grueso, implantado casi perpendicularmente a la piel. Higinio (así se llama el compañero en cuestión) es un tipo odioso que anda siempre buscando el modo de fastidiar a la gente y que vive precisamente en la misma casa en la que yo tengo instalado mi pisito de soltero desde hace un par de meses.

—Más aún —añadió, gozándose de mi desconcierto inicial—. Cualquiera puede ver, a simple vista, que eres un tipo braquicéfalo alpino. Seguramente tu familia procede de algún pequeño pueblo centroeuropeo. Mírate en el espejo: tienes la cara ancha, la nariz pequeña y poco saliente, la piel blanco-amarillenta y, por si fuese poco, no eres demasiado alto.

—Tal vez tengas razón —le dije, sin dar la menor importancia a sus palabras.

—Los cráneos de los braquicéfalos —añadió— tienen el diámetro transversal casi igual o poco más corto que el diámetro anteroposterior.

—Me parece divertido —le dije.

—Si yo estuviese en tu puesto no me sentiría tan feliz —continuó diciéndome Higinio, bajando el tono de voz y lanzando una cautelosa mirada alrededor para asegurarse de que nadie estaba escuchándonos—. Tú sabes que yo no soy racista, pero no por eso dejo de reconocer que los hombres se distinguen no sólo por sus ideas y costumbres, sino también por la forma de sus cabezas. Según como tengan el cráneo, pueden ser dolicocéfalos, braquicéfalos o mesocéfalos. Los braquicéfalos tienen el cráneo largo, los dolicocéfalos lo tienen corto y los mesocéfalos no lo tienen ni corto ni largo, es decir, lo tienen mediano.

—Pues muy bien —admití—. Soy un braquicéfalo. No suena mal del todo.

—Un braquicéfalo alpino —me corrigió—. Hay muchas clases de braquicéfalos.

Le pregunté a qué grupo pertenecía él, es decir, cómo tenía la cabeza, y me dijo que pertenecía al grupo de los dolicocéfalos porque en su cráneo era mucho mayor el diámetro anteroposterior que el transversal.

—Si te fijas —me dijo, quitándose inesperadamente la peluca y mostrándome la cabeza— tengo el occipital muy saliente.

Era la primera vez que le veía sin pelo y no pude por menos de soltar una carcajada. Le dije luego que no podía decir si era dolicocéfalo o braquicéfalo, que yo no entendía mucho de esas cosas, pero que, sin la peluca, su cabeza parecía un melón.

—Prefiero tener la cabeza como un melón que como una calabaza —replicó Higinio.

Y se quedó mirándome fijamente a los ojos y sonriéndose con unos aires de superioridad que me parecieron tan ridículos como ofensivos. Entonces empecé a mosquearme y le pregunté si él era también de los que pensaban que la inteligencia y la sensibilidad de los hombres depende de la capacidad y forma de sus respectivos cráneos.

—Por supuesto —me dijo—. Creo firmemente en esa teoría. Los más grandes hombres de la historia han sido siempre dolicocéfalos. Tú eres un cabezón y te comportas como un cabezón.

Entonces comprendí por fin que Higinio había sacado a colación el tema de mi supuesta braquicefalia sólo para darme a entender en los términos más científicos posibles que no soy un hombre que se distinga especialmente por su inteligencia. Aquello me irritó sobremanera.

—De acuerdo —le dije, con una sonrisa helada—. Soy un cabezón. Me equivoco al sumar las facturas y me pongo muy nervioso cada vez que tengo que hablar por teléfono. Los jefes me han colocado en la vía muerta y sé muy bien que en esta oficina se acabaron para mí todas las posibilidades de ascenso. Soy un braquicéfalo alpino, lo admito humildemente, pero mi aparato sexual funciona como la seda y tu mujer tiene muchas pruebas de que no te miento. Pregúntaselo a ella y verás lo que te dice.

Me puse en guardia como los buenos boxeadores, con el brazo izquierdo extendido y protegiéndome el mentón con el puño derecho, pero Higinio no tuvo las suficientes agallas para replicar. Palideció mortalmente, fue a sentarse a su mesa y durante el resto de la mañana estuvo ordenando facturas y sorbiéndose las lágrimas con la punta de la lengua.

Cuento español contemporáneo.
Madrid, Cátedra, 1997.

▓ EJERCICIOS PARA EL ESTUDIO DEL LÉXICO Y LA COMPRENSIÓN DEL TEXTO ▓

1

Haz una lista con las palabras que en el texto se relacionan con el campo temático: CUERPO.

2

Busca en el diccionario el significado de las palabras siguientes:

cráneo, peluca, diámetro, calabaza, melón, agallas, lágrimas.

3

Relaciona los recuadros formando parejas de sinónimos.

> aplanado, áspero, grueso, odioso, saliente, divertido, ridículos, ofensivos, cabezón, superioridad, risa, racista

> insultantes, testarudo, prepotencia, gordo, risibles, despreciable, aplastado, prominente, simpático, xenófobo, rasposo, carcajada

4

Ahora, forma parejas de antónimos.

> anterior, risibles, rasposas, sobremanera, derecho, inicial, soltero, calvo, firmemente, humildemente

> ligeramente, peludo, casado, terminal, izquierdo, en absoluto, lisas, serias, posterior, ostentosamente

5

Escribe frases que incluyan los siguientes verbos con preposición en pretérito indefinido.

> gozarse de, mosquearse por, comportarse con, ponerse (en guardia),
> distinguirse por, equivocarse en

6

Escribe con otras palabras las frases siguientes:

1. Anda siempre buscando el modo de fastidiar a la gente.
2. Higinio (así se llama el compañero en cuestión).
3. No suena mal del todo.
4. No pude por menos de soltar una carcajada.
5. Entonces empecé a mosquearme.
6. Eres un cabezón y te comportas como un cabezón.
7. Mi aparato sexual funciona como la seda.
8. Me puse en guardia como los buenos boxeadores.
9. Higinio no tuvo las suficientes agallas para replicar.
10. Higinio había sacado a colación el tema de mi supuesta braquicefalia.

7

Señala si son verdaderas o falsas las afirmaciones siguientes:

1. Higinio y el narrador son amigos... ☐V ☐F

2. Ellos trabajan juntos... ☐V ☐F

3. Higinio quiere fastidiar al narrador.. ☐V ☐F

4. Higinio asegura que el narrador es dolicocéfalo...................... ☐V ☐F

5. Higinio dice que él es braquicéfalo... ☐V ☐F

6. Según Higinio, los dolicocéfalos son más inteligentes...................... ☐V ☐F

7. Los braquicéfalos tienen la cabeza como un melón........................... ☐V ☐F

8. El narrador engaña a su esposa... ☐V ☐F

9. La esposa de Higinio tiene un amante.. ☐V ☐F

10. Higinio le demuestra su superioridad al narrador............................ ☐V ☐F

8

Di de qué tipo son las siguientes oraciones. Intenta decir lo mismo con otras palabras.

1. Higinio es un tipo que anda siempre buscando el modo de fastidiar a la gente.

2. Si yo estuviese en tu puesto no me sentiría feliz.

3. Le dije que no podía decir si era dolicocéfalo o braquicéfalo.

4. No soy un hombre que se distinga por su inteligencia.

5. Verás lo que te dice.

6. Prefiero tener la cabeza como un melón que como una calabaza.

7. Si no fuese calvo tendría el pelo negro.

9

Completa los espacios en blanco con las palabras del recuadro.

grupo, cráneo, braquicéfalo, occipital, piel, calvo, odioso, soltero, diámetro, peluca, melón, cabeza, cuestión, fastidiar, carcajada, dolicocéfalo, transversal

Un compañero de la oficina me llamó .... y me dijo que, como tal, tengo la .... corta, el .... aplanado y que, si no fuese ...., tendría el pelo negro, áspero y grueso, implantado casi perpendicularmente a la .... Higinio (así se llama el compañero en ....) es un tipo .... que anda siempre buscando el modo de .... a la gente y que vive precisamente en la misma casa en la que yo tengo mi pisito de .... desde hace un par de meses. Le pregunté a qué .... pertenecía él, y me dijo que al grupo de los dolicocéfalos porque en su .... era mucho mayor el .... anteroposterior que el .... No pude por menos que soltar una .... cuando se quitó la .... Le dije que no podía decir si era braquicéfalo o .... pero que, sin la peluca, su cabeza parecía un ....

10

Expresión oral y escrita

1. El relato presenta el tema de las relaciones entre compañeros de trabajo. Entre Higinio y el narrador existe rivalidad. ¿Cómo se demuestra en el texto? ¿Qué párrafos recogen esta rivalidad? ¿Cómo se resuelve, si es que se resuelve?

2. El final es paradójico, pues Higinio resulta ser el ofendido, cuando en realidad él era quien pretendía ofender. De este modo el texto apunta una

moraleja o lección, como sucede en los cuentos antiguos y las fábulas. ¿Cuál crees que es?

3. La ironía del texto se plasma en el tono y en el lenguaje: braquicefalia y dolicocefalia son términos rimbombantes, cercanos a la ciencia y usados por Higinio para mostrar su superioridad. ¿Qué piensas de las personas que usan un léxico demasiado sofisticado o rebuscado en situaciones de la vida diaria? ¿Has vivido alguna experiencia parecida?

4. En el texto se habla de las diferentes capacidades mentales e intelectuales dependiendo de la forma del cráneo. Este tema nos remite a los orígenes de la raza humana y a sus diferencias. ¿Conoces las teorías de Darwin? ¿Qué piensas al respecto? ¿Puede compararse la inteligencia humana con la de los animales? ¿Conoces algún experimento llevado a cabo en este campo?

5. La rivalidad y la competencia entre colegas y compañeros de trabajo es un aspecto destacable en nuestra sociedad. En el cuento queda también patente, al final, una rivalidad de tipo emocional y sentimental: Higinio es engañado por su mujer. Escribe sobre el tema de la infidelidad en las parejas y su relación con los casos de divorcio o de separación.

ANGELINA MUÑIZ-HUBERMAN

LECTURA 3

Serpientes y escaleras

Angelina Muñiz–Huberman (Hyeres, Francia, 1936) pertenece a la rama española de una familia que se desgajó durante la Guerra Civil de 1936. Se crió y educó en México, como toda la generación de españoles del exilio republicano. Es narradora y poetisa, y su obra destaca por un impulso lúdico que la lleva a establecer sus propias reglas de puntuación, además de ser muy flexible en los géneros literarios, que mezcla de manera original y única. Ha publicado: *Morada interior* (1972), *Tierra adentro* (1977), *De magias y prodigios* (1987), *El libro de Miriam* (1990), *Serpientes y escaleras* (1991) y *Antología personal* (1992), entre otras obras.

VOCABULARIO BÁSICO
serpientes, escaleras, oca, parkasé, damas, dominó, monopolio, ajedrez, parchís, error, engaño, espionaje, pacto, alcancía, pesquisa, ignorancia, curiosidad, clave

El juego se llamaba serpientes y escaleras y lo jugaban cada fin de semana. Era el primer juego con el que empezaban, no porque les gustara sino precisamente por lo contrario: porque era el que menos les gustaba. Luego seguían con otros juegos: el parkasé, la oca, damas chinas, el monopolio, cartas, dominó, ajedrez. Y este último era el preferido.

Sábado y domingo lo pasaban juntas. No tenían que preocuparse por nada. La comida estaba lista, bien preparada y deliciosa. Se acostaban tarde y se levantaban a la hora que querían.

Cuando habían agotado los juegos de mesa, venían los verdaderamente importan-

26

tes. Los que ellas habían inventado. Los que se contaban o los que escribían. Por medio de un lenguaje que habían creado, que estaba abierto a cualquier variación y que era un reto descubrir sus claves e inventar nuevas versiones, cada una de las dos amigas se enfrentaba a la otra en una disputa, a veces, cordial, a veces, reñida. El caso es que se pasaban toda la semana pensando en qué nueva clave descubrir.

En el automóvil de sus padres, rumbo a Churubusco, Ambarina iba antecediendo el placer de jugar con Tulia. No escuchaba lo que sus padres hablaban y se sumergía en diálogos imaginarios con su amiga. Cuando llegaban a la casa, lo primero era sacar los juegos y, como en una especie de vicio irrefrenable, empezaban por el de serpientes y escaleras. Tulia desdoblaba el duro cartón donde estaba dibujada la pista del recorrido y, desde ahí, empezaba el desagrado: colores desvaídos: imágenes amontonadas: horribles serpientes: escaleras precipitantes. Pero lo jugaban: como ritual obligatorio: para librarse de la fealdad. Luego lo guardaban con cuidado en lo más alto del ropero y no lo volvían a sacar hasta el próximo fin de semana.

Se sentaban en la cama, se quitaban los zapatos y se acomodaban entre los almohadones para iniciar su diálogo. Empezaba Tulia:

—Es extraño lo que voy a contarte. Es algo de mis padres. He descubierto que no son uno los dos, como yo creía, sino dos los dos.

—Es raro: yo también creo que son uno los dos. No pueden separarse: son iguales: están de acuerdo: y se confabulan contra nosotras. ¿No es así?

—No. En absoluto. Estábamos equivocadas. Son dos los dos. Están separados. Son diferentes. Hasta creo que no tienen nada que ver el uno con el otro. Sus vidas son diferentes.

—No puedo creerlo. Piensan igual. Sienten igual.

—No. No. No. No sabes en qué error estás. Te digo que lo he descubierto. Me he dedicado a observarlos. Como si ya no fuera una hija. Como si yo fuera tú. ¿Cómo ves tú a mis padres?

—Como a los míos: dos en uno.

—Pues no es así. Son uno en uno. He descubierto que tienen pensamientos ocultos y actividades ocultas. Hacen cosas que el otro no sabe. Sus horarios no coinciden con sus ocupaciones. Mienten. Inventan. Se escapan uno de otro. Y hasta de nosotras. ¿Sabes que no siempre piensan en nosotras?

—Imposible: siempre piensan en nosotras: aunque no siempre acierten.

—Lo que menos hacen es pensar en nosotras. Piensan en ellos. Es como huir de sí mismos. Es como engañar y engañarse.

—Te aseguro que mis padres no son así.

—¿Quieres que te cuente lo que he descubierto de los míos? Que cada uno tiene un amante.

—No. No puede ser. Acuérdate que nosotras leemos mucho e inventamos cuentos. Que hemos hecho historias de todo el mundo, y que no tiene que ser verdad necesariamente. Es nuestro juego: ¿no te parece?

—Sí. Pero ahora el juego es de verdad. A no ser que los padres también jueguen.

—Claro que juegan. ¿No están en este momento jugando al pináculo?

—No me entiendes. Digo otros juegos. Juegos serios para ellos. De los que no pueden arrepentirse.

—Vas a tener que explicarme eso.

—Pues verás. Mi padre sale a pasear con una persona que no es mi madre. Y mi madre sale a pasear con una persona que no es mi padre.

—Bueno, puede pasar, ¿no?

—No debe pasar. Porque eso quiere decir que los dos tienen amantes. Y nadie lo sabe más que yo. Y ahora tú. ¿Crees que eso es muy grave?

—Pensándolo bien, sí, es muy grave. ¿Qué vamos a hacer?

—Nosotras nada. Ellos son los que van a tener que hacer algo el día que lo descubran.

—¿Se divorciarán?

—O pueden suceder cosas peores: que se maten.

Ambarina y Tulia sacan otro de los juegos: ahora el parkasé: que sí les gusta. A veces oyen reírse a los padres. Las dos juegan bien y las dos tienen suerte al lanzar los dados: les salen números dobles y quedan empatadas. El sonido de los dados de hueso golpeando contra las paredes del vaso recubierto de cuero es agradable y luego al caer sobre la mesa, rodando un poco y esperando que se detengan para saber la cifra, es el mejor momento de la tarde.

Pero lo que ha dicho Tulia preocupa a las dos amigas. En el mundo que ellas se han ordenado para sí ha surgido una duda. Porque hacia arriba ellas no miraban: ésa era la cúspide de la pirámide: protegía y era inamovible. Ni se negaba ni se discutía. Se aceptaba como artículo de fe. Si ahí se iniciaba una fractura, lo único que podían esperar era el derrumbamiento de la pirámide.

—¿Qué piensas, Tulia?, te toca jugar.

—Pienso que tú también debes observar a tus padres. Como yo lo he hecho. Y observarlos no como si fueras tú, sino como si fueras yo.

—No. A mí no me gustaría hacer eso.

—A ti no te gustaría, de acuerdo. Pero no lo vas a hacer como tú, sino como yo. Nosotras podemos intercambiarnos. Yo en ti, tú en mí.

—Sí, alterar los unos y los dos: ya no ser una en dos, sino dos en una. Pensándolo así, dejo de ser yo y soy tú, con lo cual puedo actuar como tú, no como yo.

—Entonces, ¿sí te atreverías a vigilar a tus padres?

—Sí.

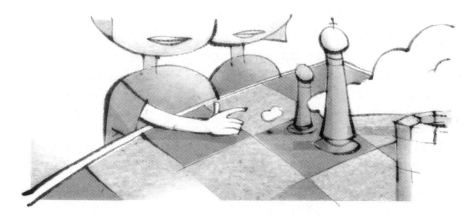

Durante la semana siguiente Ambarina no se dedica a ella: ha tomado el papel de Tulia. Se dedica, por lo tanto, al espionaje. En una libreta especial, con lápiz de afilada punta, va anotando los movimientos de sus padres: las entradas y las salidas: si van juntos o separados: los horarios: las llamadas de teléfono: hechas o recibidas: las explicaciones o justificaciones: los cabos sueltos: la manera de vestirse: o de peinarse: o el tono de voz: las recomendaciones: las previsiones: mayor o menor atención hacia ella: descuidos: olvidos: tardanzas o adelantos: distracciones: intenciones: arrepentimientos y culpas: miradas perdidas o miradas huidizas: embelesos e impaciencias: dulzura y cólera.

Considera la anterior una buena lista que cubre todas las posibilidades de cambios en el comportamiento. Ordena en columnas los conceptos y va colocando crucecitas, según la observación, con la fecha al lado, de lunes a viernes: En esto ha mejorado a Tulia: su sistema es más científico. De una sola ojeada puede saber lo que han hecho sus padres en el transcurso de la semana. Se impacienta por ver a su amiga y sacar las conclusiones. Este sábado y domingo van a ser muy divertidos. Pero, al principio, no le dirá nada a Tulia, como si se le hubiera olvidado el pacto acordado o como si no fuera muy importante lo que hubiera descubierto. Dejará que Tulia baje el juego de serpientes y escaleras y hasta insistirá en jugar dos veces a la manera de tortura deleitosa. Esperará a que Tulia se impaciente y le pregunte varias veces si cumplió con lo pactado. Entonces, con calma, sacará de su bolsillo la libreta: la abrirá poco a poco y le preguntará a Tulia: ¿qué quieres saber exactamente? Sí: será muy, muy divertido.

En fin, el camino hacia Churubusco ese sábado se le ha hecho larguísimo a Ambarina. Y lo peor, al llegar a la casa de su amiga, no está: ha salido con su madre a recoger un pastel de chocolate para la cena. Así que se queda un rato con los adultos escuchando su conversación. Y no sólo escuchando su conversación, sino observando los gestos de las caras: los extraños movimientos de los pequeños músculos: las cejas que se arquean: los ojos incesantes: el leve arrugado de la nariz: la sonrisa a medio esbozar: la expresión reprimida o alterada: lo que se cambia en el momento de decirse: lo que se oculta: lo que se da a entender. Ambarina atenta a todo; ella misma con gesto concentrado, pero sin que la traicione ninguna otra expresión: está aprendiendo el arte de simular.

Así, cuando llega Tulia, la encuentra tranquila y dispuesta a no esforzarse por cumplir el plan preconcebido, porque podrá desarrollarlo con perfecta naturalidad. Lo que había sido un ensayo, se representará como papel de buena actriz y se habrá convertido en vida real.

Como es de esperar empiezan con el juego de serpientes y escaleras, un poco lánguidamente, pues adivinan que se acerca el momento de exponer sucesos irreversibles. Que tal vez han ido demasiado lejos en sus pesquisas. Que, después de todo, era mejor permanecer en la ignorancia. Sin decirlo, se vuelven lentas en el juego y no discuten volver a empezar otra vez.

En el fondo sienten un grado de temor: pero también en el fondo sienten que deben seguir adelante. Hasta que ya no pueden posponerlo: la curiosidad las acucia.

Empieza Tulia.

—Y bien, ¿qué averiguaste?

De acuerdo a como lo había planeado, Ambarina hunde lentamente la mano en su bolsillo y produce la pequeña libreta.

—Aquí está todo anotado: en cada columna: con hora y palabras exactas.

—Sí. Pero dime, ¿hubo algo anormal?

—¿Algo?

—Sí, ¿algo?

—Algo es poco. Todo.

—¿Cómo todo?

—Te digo que todo.

—¿Peor que lo mío?

—Peor o igual, ya no importa.

—¿Quieres decir, lo mismo?

—Pues bien, sí.

—Es decir, que ellos también.

—También.

—¿Qué vamos a hacer?

—Descubrir quiénes son los otros.

—¿Crees que debamos hacerlo?

—A estas alturas no nos queda más remedio.

—Y ¿cómo lo haremos?

—Pues, persiguiéndolos.

—¿Crees que podamos?

—Claro. ¿No lo hemos leído en muchos libros?

—Sí, pero nunca lo hemos hecho.

—Y ¿qué importa? Anda, te toca tirar los dados, que ya quiero terminar el juego de serpientes y escaleras.

Ambarina y Tulia se dedican a sus juegos. Los recorren todos, meticulosamente: unas veces gana una y otras veces la otra. Cuando llega la hora de cenar lo que esperan ansiosamente es la llegada del pastel de chocolate: lo único que vale la pena. Sentadas ante la mesa y rodeadas de sus padres los miran con inocencia sin que ellos puedan adivinar lo que ellas saben.

Se han puesto de acuerdo en que durante la semana entrante se las ingeniarán para seguir todos los movimientos de sus padres y acabar de redondear las historias pendientes. Cada una por su lado, se han propuesto cumplir exactamente su misión. El próximo sábado será el del punto final.

La persecución de los padres es asunto complicado: desde sacar dinero de sus alcancías para poder pagarse el transporte, hasta inventar citas con otras compañeras de la escuela para poder salir de la casa. Poco a poco las dificultades van resolviéndose. Avanzan en sus pesquisas y obtienen buenos resultados. Casi se felicitan por ello. Toman taxis, autobuses, metro. Se parapetan en las esquinas. Se esconden súbitamente en algún portal. Paso a paso van cercando a sus padres. Están a una milésima de descubrirlos.

He aquí que ya no dudan: lo han descubierto. Se dan vuelta, de repente, y chocan una con la otra. Venían en direcciones opuestas, sin haberse visto, y han llegado al mismo lugar, al mismo tiempo.

La conclusión es la misma.

—Es decir, ¿que tu padre y mi madre?

—¿Y mi madre y tu padre?

—Sí.

—Sí.

Narrativa relativa: Antología personal.
Ciudad de México, Consejo Nacional para la Cultura y las Artes, 1992.

▓ EJERCICIOS PARA EL ESTUDIO DEL LÉXICO Y LA COMPRENSIÓN DEL TEXTO ▓

Haz una lista con las palabras que en el texto se relacionan con el campo temático: JUEGO.

Busca en el diccionario una definición para las siguientes palabras:

juego, azar, serpiente, pirámide, pacto, pesquisa, espía, clave, matrimonio, divorcio, amante.

Relaciona los dos recuadros y forma parejas de sinónimos.

> juego, recorrido, desvaídos, amontonadas, error, ocultos, ocupaciones, grave, empatadas, duda, derrumbamiento, dulzura, cólera

> entretenimiento, ira, ternura, demolición, inseguridad, igualadas, serio, tareas, escondidos, equivocación, mezcladas, huidizos, trayecto

Ahora, forma parejas de antónimos.

> *reprimida, preconcebido, ignorancia, exacta, pendientes, olvido, descuido, pacto, cúspide, vicio, obligatorio, reñida*

> *voluntario, sabiduría, base, cordial, desacuerdo, desinhibida, realizados, atención, virtud, recuerdo, inexacta, espontáneo*

Escribe sustantivos y adjetivos derivados de los verbos siguientes:

jugar, inventar, descubrir, confabularse, engañar, arrepentirse, divorciarse, aprender, hundir, chocar.

Señala si son verdaderas o falsas las afirmaciones siguientes:

1. Ambarina y Tulia son amigas y pasan los fines de semana juntas..... V F

2. Ambas sospechan que sus padres tienen problemas entre ellos..... V F

3. Inventan un juego para investigar la vida de sus padres................ V F

4. Ellas juegan a ser espías... V F

5. Sus padres llevan una vida simple y ordenada............................. V F

6. Todo es producto de la imaginación de las amigas...................... V F

7. Sus padres deciden divorciarse .... V F

8. Ellas descubren que sus padres tienen amantes.......................... V F

9. El padre de Ambarina sale con la madre de Tulia........................ V F

10. La madre de Ambarina es la amante del padre de Tulia................ V F

Escribe las frases siguientes con otras palabras:

1. Ambarina está aprendiendo el arte de simular.

2. La curiosidad las acucia.

3. El próximo sábado será el del punto final.

4. Están a una milésima de descubrir el secreto.

5. La llegada del pastel es lo único que vale la pena.

6. Ni se negaba ni se discutía. Se aceptaba como artículo de fe.

7. Debes observar a tus padres no como si fueras tú, sino como si fueras yo.

8. He descubierto que no son uno los dos, sino dos los dos.

Explica el valor del gerundio en las frases siguientes y escribe otras similares:

1. Ambarina iba antecediendo el placer de jugar con Tulia.

2. El sonido de los dados golpeando contra las paredes del vaso es agradable.

3. Ambarina va anotando los movimientos de sus padres.

4. Se queda un rato con los adultos, escuchando la conversación.

5. Ambarina está aprendiendo el arte de simular.

6. Poco a poco las dificultades van resolviéndose.

Completa los espacios en blanco con las palabras del recuadro.

> *recibidas, cabos, libreta, culpas, huidizas, científico, salidas, horarios,*
> *movimientos, papel, espionaje, ojeada, sistema, crucecitas, comportamiento,*
> *cambios, observación, transcurso, cólera, peinarse, lista*

Durante la semana siguiente Ambarina no se dedica a ella. Ha tomado el

.... de Tulia. Se dedica, por lo tanto, al ....

En una .... especial, con lápiz de afilada punta, va anotan-

do los .... de sus padres: las entradas y las

...........................: si van juntos o separados: los ...., las

llamadas de teléfono: hechas o ....: las explicaciones o

justificaciones: los .... sueltos: la manera de vestirse: o de

...........................: o el tono de voz: las recomendaciones: las previsiones:

mayor o menor atención hacia ella: descuidos: olvidos: tardanzas o adelan-

tos: distracciones: intenciones: arrepentimientos y ....:

miradas perdidas o miradas ....: embelesos e

impaciencias: dulzura y ....

Considera la anterior una buena .... que incluye todas las

posibilidades de .... en el .... Ordena

en columnas los conceptos y va colocando ...., según la

..........................., con la fecha al lado, de lunes a viernes. En esto, ha

mejorado a Tulia; su .... es más .... De

una sola .... puede saber lo que han hecho sus padres

en el .... de la semana.

Expresión oral y escrita

1. El cuento narra las conversaciones y los juegos de dos amigas adolescentes. Están preocupadas por la vida íntima de los adultos, en concreto de sus padres. El misterio de los adultos las lleva a inventar un juego para descubrir su secreto. Resume en qué consiste su juego y cómo lo llevan a cabo hasta llegar a descubrirlo.

2. Jugar a diferentes juegos de mesa es una costumbre muy extendida en todas las culturas. Los practican los niños, los adolescentes y los mayores. ¿Qué juegos has practicado tú con tus amigos, hermanos, familia, etc.? ¿Existe alguno especial en tu cultura al que jueguen todos los niños? ¿Cómo han cambiado estos juegos con la llegada de los ordenadores? ¿A qué juegan ahora los niños y adolescentes? ¿Y los adultos?

3. El relato refleja los problemas de unas niñas que descubren que sus padres tienen una vida íntima fuera de su matrimonio, algo que las afecta y las conmueve. Es la "pérdida de la inocencia": ellas comprenden que la vida real no es lo que se supone que debe ser ni tampoco lo que les han enseñado que debe ser. Escribe y comenta acerca de otros tabúes o historias que los adultos hacen creer a los niños y que enmascaran la realidad; por ejemplo, cómo llegan los bebés, etc.

4. Este relato plantea asuntos relacionados con el matrimonio, la infidelidad y el divorcio. Escribe sobre este tema. ¿Crees que es necesario ser fiel en un matrimonio? ¿Es bueno el divorcio? ¿Cómo es en tu país?

5. En el relato se juega al espionaje: las protagonistas se convierten en detectives para descubrir el misterio de la vida de sus padres. Existe todo un género literario basado en el espionaje y los asuntos policiacos, que luego ha derivado en otras expresiones: cine, cómics, etc. Escribe sobre algún detective o espía famoso de la novela, el cine o los cómics que te haya impresionado.

ANA MARÍA FAGUNDO

Las raras

Ana María Fagundo nació en Santa Cruz de Tenerife, en 1938. Es profesora de literatura española en la Universidad de California. Ha publicado ocho libros de poemas, ha traducido al español a poetas norteamericanos contemporáneos y ha escrito un libro de ensayos sobre la literatura femenina en España y en América. En 1998 se publicó su *Antología poética*. *Las raras* es un cuento de los incluidos en *La miríada de los sonámbulos* (1994), colección de relatos cortos que sorprende por la magia, el misterio y la fantasía que envuelven a los personajes que en ellos aparecen.

VOCABULARIO BÁSICO

*rareza,
naturalidad,
mayúscula,
voluntad,
escondite,
matorral,
torbellino,
suficiencia,
bambú, hueco,
verja, ademán,
césped, caña,
goma, pista,
nudillos, galletas,
tirón, mobiliario,
penumbra, ovillo,
mancha, señas,
algarabía,
incursión, colillas,
nisperero, trigo,
índice*

Para nosotros nunca tuvieron otro nombre que LAS RARAS. Era un nombre que compartían con naturalidad y que yo escribo con mayúscula, porque así me parece que explico mejor la rareza de LAS RARAS. Claro que todavía no he consultado con mi hermana Isabel si le parece que debo poner el nombre con mayúscula, pero es que aún no le he dicho que estoy relatando lo de LAS RARAS. Y no lo he hecho no por quererle dar una sorpresa, sino por temor a que me quite la voluntad de contar el relato diciéndome que soy un tonto, que no hago sino fantasear. Que siempre ando buscando

historias que contar. Mi hermana cree que si me dejaran solo en un desierto sería capaz de sacar papel y pluma de debajo de una piedra y empezar a inventar alguna historia increíble. Por eso, porque no me tiene confianza, no quiero descubrirle mi plan de relatar la historia de LAS RARAS. Además, no quiero que ella la lea y vaya a decir —como estoy seguro que dirá— que he cambiado los hechos, que no cuento las cosas como son y que exagero para darle interés al asunto. Isabel se cree muy literata porque de vez en cuando suelta algunas palabritas largas y estrambóticas. Yo no le hago caso.

Bueno, voy a contar el cuento de LAS RARAS.

A LAS RARAS las conocimos un verano hace ya bastante tiempo. Isabel y yo estábamos jugando al escondite en el jardín de mi tía Eduvigis. Me tocaba esconderme a mí. Isabel tenía que contar hasta treinta, pero lo hacía tan rápidamente que tuve que meterme donde más cerca estaba: en el jardín de la casa de al lado. Cuando salté la valla, mi hermana ya había terminado de contar y sin duda me buscaba entre los matorrales del jardín de mi tía, mientras que yo, medio atolondrado y algo temeroso, estaba como clavado en el césped de un jardín

desconocido, y era observado por una mujer joven, alta, delgada, con un pelo rubio y lacio que le colgaba sobre los hombros. Tenía los brazos caídos a lo largo del cuerpo y eran tan delgados que parecían dos cañas de bambú.

En realidad, no me tendría que haber chocado encontrar, al saltar la valla de un jardín ajeno, a una persona —la dueña, seguramente— que me miraba con gesto interrogador. Pensé en cómo podría salir del apuro. Sonreír y excusarme sería lo apropiado. Pero afortunadamente no tuve que hacerlo. La puerta, que estaba a espaldas de la mujer y que daba al interior de la casa, se abrió de pronto y surgió por ella un remolino de brazos blancos y pelo rubio que se abalanzó ansiosamente llenando de besos a la mujer que momentos antes me miraba y que, ahora, giraba sobre sí misma rápidamente empujando el torbellino blanco y alborotador que la había asaltado. Desaparecieron tras el hueco oscuro de la puerta. Todo ocurrió con tal rapidez que yo continué mucho tiempo clavado en el lugar donde había caído al saltar la valla. La voz de Isabel llamándome con apremio me sacó de mi asombro.

Cuando salté de nuevo la verja no le conté a mi hermana lo que había visto, pero estaba intrigado y durante varios días anduve, con sigilo, procurando enterarme de todos los pormenores de la casa de al lado. Lo que averigué fue bien poco, pero me dio una pista.

Allí vivían dos mujeres jóvenes que hablaban un idioma ininteligible. Eran —como decía tía Eduvigis con desprecio— unas "extranjeras". Mi tía recalcaba la palabrita. Y, afortunadamente, habían alquilado el chalet por una temporada. Con esa gente extraña había que evitar todo contacto, decía mi tía Eduvigis con aire de suficiencia.

No pude callar mi secreto mucho tiempo. Le conté a Isabel lo que había visto en el jardín de la casa de al lado y a ella también se le despertó la curiosidad. Juntos maquinamos mil maneras de introducirnos en la casa de las extranjeras, que nosotros inmediatamente y de común acuerdo bautizamos con el nombre de LAS RARAS. Después de mucho cavilar juntos, decidimos introducirnos en la casa de una manera que nos pareció ideal. Cortaríamos unas rosas del jardín de tía Eduvigis sin que ésta se enterara y nos presentaríamos en la casa de al lado, cuando en la nuestra se dormía la siesta. Nuestro plan no podía fallar. Un ramo de rosas siempre habría de agradarles.

Unos días después, con el corazón palpitante, en una mano el ramo de flores, y en la otra la mano de Isabel, me acerqué a la puerta cerrada. Le dije a mi hermana:

—¡Toca!

Isabel levantó el brazo y dejó caer tímidamente los nudillos sobre la madera. Tenía miedo. Esperamos un rato. Nadie acudía a abrir. Yo ya estaba empezando a impacientarme. Le grité autoritariamente a Isabel:

—¡Toca más fuerte, tonta!

Cuando Isabel levantó el brazo de nuevo dispuesta a cumplir mi orden, se abrió la puerta y aparecieron en el hueco sombrío dos mujeres con caras expectantes. Eran increíblemente altas y delgadas; una parecía un poco más gruesa que la otra. Vestían suéteres muy ceñidos y pantalones acampanados: la mancha azul marino de sus ropas iguales contrastaba con el color claro de las largas melenas. Al verlas tan de cerca pude fijarme que una tenía el pelo rubio trigo y la otra más oscuro.

No sé cuánto tiempo las observé. El tirón de mano que me dio Isabel me hizo volver a la realidad. Sonreí azorado y dije atropelladamente:

—Mi hermana Isabel y yo les traemos estas flores…

Las dos mujeres se miraron con una expresión entre extrañada y divertida y se dijeron algo que ni mi hermana ni yo pudimos descifrar. Pero el hecho de que se rieran nos indicaba que les había

caído simpático nuestro gesto. La del pelo más claro alargó un brazo esquelético y blanco surcado por las rayas de unas venas increíblemente azules, y con evidente esfuerzo emitió un sonido que creí reconocer:

—Grachas, ninos.

Isabel y yo seguíamos frente a ellas esperando algo más. LAS RARAS hablaron entre sí en aquel lenguaje que no entendíamos, y luego se volvieron hacia nosotros haciéndonos ademán de que entráramos.

Sin soltarnos de la mano seguimos a LAS RARAS hasta una sala en penumbra que aparecía casi vacía de muebles. Un sillón pequeño y un televisor eran el único mobiliario de aquel cuarto desnudo y oscuro. En la pantalla del televisor se proyectaba un programa de ballet. Cuando los ojos se me acostumbraron a la penumbra de la estancia, divisé en un rincón, hecha un ovillo, la mancha gris de un perro.

Una de LAS RARAS, la del pelo más oscuro, desapareció por una puerta y volvió con una butaca donde nos convidó, con un gesto, a que nos sentáramos. La otra RARA había sacado de algún escondrijo un librito con tapas verdes. Las dos se sentaron en el sillón estrecho y se pusieron a mirar afanosamente las páginas del libro. Hablaban entre sí rápidamente con palabras que yo no podía entender. La del pelo más claro, después de mirar atentamente una página del libro, volvió los ojos hacia nosotros y con un gesto simpáticamente penoso pronunció:

—¿Gal-e-tas?

Mi hermana y yo nos miramos un poco cohibidos. La otra RARA salió y volvió al instante con un paquete de galletas ya estrenado y nos lo ofreció para que nos sirviéramos. Yo, por prudencia, no cogí sino una, pero Isabel, que es una glotona, se llenó las dos manos e ignoró mis guiños desaprobatorios. LA RARA de pelo más oscuro enunció despacio una palabra que a juzgar por las señas que hacía debía de significar galleta en su idioma. Isabel y yo pronunciamos divertidos:

—¡Cuquis, cuquis!

LAS RARAS formaron un algarabía de risas y palabras confusas. Sin duda lo estaban pasando bien con nosotros. Yo ya me había llevado la galleta a la boca cuando LAS RARAS, de pie, señalaban el sillón y repetían:

—Sofá, sofá.

Isabel y yo coreamos:

—Sofá, sofá.

LAS RARAS se miraron entre ellas y pronunciaron al mismo tiempo:

—Lav sofá, lav sofá.

Isabel y yo corregimos:

—El sofá, el sofá.

LAS RARAS intercambiaron una mirada y afanosamente se pusieron a mirar en el librito de tapas verdes y luego jovialmente dijeron:

—Amor-sofá.

Isabel y yo repetimos:

—Amor, sofá.

Cuando hubieron terminado de señalar y hacernos repetir los nombres de los escasos objetos de la sala, pasamos a la cocina y la lección de idiomas continuó brevemente porque allí no había sino un par de tazas y dos cucharillas. La lección acabó en una breve incursión por el dormitorio donde el único mueble era una cama grande sin hacer y un cenicero lleno de colillas.

Al volver a la sala LAS RARAS se sentaron en el sillón, en el que apenas cabían apretadas la una contra la otra, y cogidas de la mano, se dispusieron a ver el programa de televisión que nosotros habíamos interrumpido. Isabel y yo las imitamos. Nos sentamos y nos cogimos de la mano dispuestos a mirar la televisión. Al poco tiempo mi hermana y yo nos aburríamos con aquellas bailarinas que parecían muñecas de goma danzando en la pantalla del televisor sobre la punta de los pies y con los brazos como aspas blancas de molino. LAS RARAS miraban lelitas el televisor sin preocuparse de nosotros. Isabel también se aburría, porque me preguntó al poco rato si yo sabía la palabra que teníamos que usar en el idioma de ellas para despedirnos. No queríamos quedar en un feo. Sin tenerlo que pensar mucho le respondí a Isabel que por qué no les

decíamos aquella palabra que ellas habían repetido tanto durante la lección de idiomas. Al oído le dije a Isabel la palabra y después los dos nos levantamos de la silla y al mismo tiempo dijimos
inclinándonos hacia adelante respetuosos:

—Darlin, darlin.

LAS RARAS se levantaron de un salto y nos escudriñaron un
momento y luego se miraron y comenzaron a hablar rápidamente. Isabel y yo cogidos de la mano esperábamos sonrientes a que
terminaran de hablar y nos acompañaran hasta la puerta. Quizás
nos invitarían a que volviésemos otro día y hasta podría ser que
no nos dejaran ir tan pronto. En el patio tenían un níspero lleno
de frutas maduras y apetitosas. Quizás nos dijeran que cogiése-
mos algunas. Y hasta podía ser que nos dejaran jugar con el perro.

Un ligero tirón de Isabel me sacó bruscamente de mis reflexiones. LAS RARAS habían callado y nos miraban suspicaces. Al fin,
la del pelo de trigo extendió un brazo señalando con un índice
transparente la puerta. Su voz sonó dura y autoritaria:

—Aut, aut.

Isabel y yo nos apresuramos a salir de la casa confusos. Desde
entonces las bautizamos con el nombre de LAS RARAS y sólo por
fastidiarlas, mi hermana y yo saltábamos la tapia del jardín y les
robábamos cuanta fruta tenían en los árboles. Ellas jamás se dieron por aludidas. Creo que nos despreciaban, ¡eran tan raras!

La miríada de los sonámbulos.
Miami, Ediciones Universal, 1994.

■ EJERCICIOS PARA EL ESTUDIO DEL LÉXICO Y LA COMPRENSIÓN DEL TEXTO ■

1

Haz una lista con las palabras que en el texto se relacionan con el campo temático: CASA.

2

Busca en el diccionario la definición de las palabras siguientes:

rareza, naturalidad, voluntad, verja, algarabía, bambú, níspero, desierto, nudillos, trigo, mobiliario.

3

Relaciona los recuadros y forma parejas de sinónimos.

> *naturalidad, increíble, estrambóticas, atolondrado, valla, alborotador, apremio, ideal, intrigado, extranjero, ceñidos, azorado, divertida, esquelético*

> *asombroso, curioso, aturdido, miedoso, cerca, forastero, rapidez, adecuado, espontaneidad, delgado, raras, ajustados, alegre, ruidoso*

4

Relaciona y forma parejas de antónimos.

> *temeroso, apropiado, ininteligible, desprecio, sombrío, simpático, desnudo, penumbra, glotona, apretadas, lelitas*

> *frugal, inadecuado, claridad, vestido, antipático, claro, espabiladas, sueltas, valiente, comprensible, aprecio*

Escribe frases con los verbos siguientes en pretérito imperfecto de indicativo:

fantasear, inventar, observar, chocar, excusarse, interrogar, despertar, bautizar, agradar.

Señala si son verdaderas o falsas las afirmaciones siguientes:

1. Las dos mujeres son RARAS porque son extranjeras......................... V F

2. El narrador las llama RARAS, con mayúscula, para enfatizar
su fealdad... V F

3. Ellas hablan el mismo idioma que el narrador y su hermana.......... V F

4. Las RARAS son vecinas del narrador... V F

5. El narrador y su hermana se hacen amigos de las RARAS................. V F

6. Las RARAS no quieren saber nada de sus visitantes......................... V F

7. Las RARAS tienen su casa muy bien amueblada.............................. V F

8. A las RARAS no les gusta la televisión y no tienen perro................. V F

9. Los niños les roban fruta a las RARAS para molestarlas..................... V F

10. Ellas son personas normales, pero son extranjeras........................... V F

Escribe las frases siguientes utilizando otras palabras:

1. No pude callar mi secreto por mucho tiempo.

2. Mi tía recalcaba la palabrita.

3. Yo ya estaba empezando a impacientarme.

4. Yo no le hago caso.

5. LAS RARAS formaron un algarabía de palabras confusas.

6. Isabel ignoró mis guiños desaprobatorios.

7. Divisé en un rincón, hecha un ovillo, la mancha gris de un perro.

8. Su voz sonó dura y autoritaria.

9. Ellas jamás se dieron por aludidas.

Completa los espacios en blanco con las palabras del recuadro.

> *raras, escondite, lado, valla, matorrales, treinta, temeroso, clavado, cerca, césped, cañas, apropiado, desconocido, brazos, cuerpo, delgados, observado, lacio, hombros, bambú, apuro, bastante*

A las .... las conocimos un verano hace ya ....

tiempo. Isabel y yo estábamos jugando al .... en el jardín

de mi tía Eduvigis. Me tocaba esconderme a mí. Isabel tenía que contar hasta

...., pero lo hacía tan rápidamente que tuve que meterme

donde más .... estaba: en el jardín de la casa de al

.... Cuando salté la ...., mi hermana ya había ter-

minado de contar y me buscaba entre los .... del jardín

de mi tía, mientras que yo, medio atolondrado y ...., estaba

como .... en el .... de un jardín

.... y era .... por una mujer

joven, alta, delgada, con un pelo rubio y .... que le

colgaba sobre los .... Tenía los ....

caídos a lo largo del .... y eran tan ....

que parecían .... de .... Pensé

en cómo podría salir del .... Sonreír y excusarme

sería lo .... Pero afortunadamente no tuve que hacerlo.

Expresión oral y escrita

1. El cuento narra el descubrimiento de dos extranjeras por dos niños. ¿Cómo se plasma en el texto el interés que las extranjeras despiertan en los niños? ¿Cómo son descritas estas mujeres por el pequeño narrador? ¿Influye en el niño la opinión contraria que su tía Eduvigis tiene de las extranjeras?

2. Los niños se atreven a acercarse a las extranjeras. En tu opinión, ¿es correcto el trato que les dispensan estas mujeres a sus visitantes? ¿Cómo logran entenderse? ¿Son aceptados los niños por estas mujeres?

3. A los niños les parecen raros y extraños la casa y el comportamiento de las dos mujeres. Esto nos hace pensar en la cuestión de la aceptación de los extranjeros en nuestro propio país. ¿Qué sabes sobre los problemas a que se enfrentan los inmigrantes extranjeros en los países que los reciben?

4. A pesar de las dificultades que supone no hablar el mismo idioma, los niños y las mujeres intentan entenderse con ayuda del diccionario. ¿Piensas que es posible entenderse con otras personas aunque se hablen idiomas diferentes? ¿Qué opinas del lenguaje de los signos? ¿Lo has utilizado alguna vez? Explica alguna situación divertida al respecto que hayas vivido o escuchado.

5. Muchos turistas viajan con un diccionario. ¿Qué piensas de la utilidad del diccionario? ¿Viajas con él cuando sales al extranjero? ¿Te ayuda mucho o, a veces, te ha complicado las cosas?

6. Ahora que estás aprendiendo un idioma, ¿crees que es necesario saber más de una lengua? Escribe acerca de tu experiencia en el aprendizaje del español o de otros idiomas.

ANA MARÍA MATUTE

5 *Los chicos*

Ana María Matute nació en Barcelona en 1926. Tanto su primera novela, *Los Abel* (1948), como sus obras sucesivas, la confirmaron como una escritora original y auténtica. A sus novelas *Pequeño teatro* (1954), *Los hijos muertos* (1958), *Los soldados lloran de noche* (1964), *Olvidado rey Gudú* (1996), entre otras, hay que sumar libros de narraciones, como *El tiempo* y *Los niños tontos,* que le han dado una merecida reputación de cuentista. Es miembro de número de la Real Academia Española.

VOCABULARIO BÁSICO

*latigazos,
salpicaduras,
puñetazos,
presos, jornal,
penal, recluso,
chabola,
juncos, sigilo,
terraplén,
gazapo, furia,
fragor, pupila,
topacio,
cigarras,
pavor,
bachillerato,
empalizada,
desgarrón,
respeto, tropel,
refugio, golpes,
vergüenza,
andrajos*

Eran sólo cinco o seis, pero así, en grupo, viniendo carretera adelante, se nos antojaban quince o veinte. Llegaban casi siempre a las horas achicharradas de la siesta, cuando el sol caía de plano contra el polvo y la grava desportillada de la carretera vieja, por donde ya no circulaban camiones ni carros ni vehículo alguno. Llegaban entre una nube de polvo que levantaban sus pies, como las pezuñas de los caballos. Los veíamos llegar y el corazón nos latía de prisa. Alguien, en voz baja, decía: "¡Que vienen los chicos…!". Por lo general, nos escondíamos para tirarles piedras, o huíamos.

Porque nosotros temíamos a los chicos como al diablo. En realidad, eran una de las mil formas del diablo, a nuestro entender. Los chicos, harapientos, malvados, con los ojos oscuros y brillantes como cabezas de alfiler negro. Los chicos, descalzos y callosos, que tiraban piedras de largo alcance, con gran puntería, de golpe más seco y duro que las nuestras. Los que hablaban un idioma entrecortado, desconocido, de palabras como pequeños latigazos, de risas como salpicaduras de barro. En casa nos tenían prohibido terminantemente entablar relación alguna con esos chicos. En realidad, nos tenían prohibido salir del prado, bajo ningún pretexto. Más allá, pasaba la carretera vieja, por donde llegaban casi siempre aquellos chicos distintos, prohibidos.

Los chicos vivían en los alrededores del destacamento penal. Eran los hijos de los presos del Campo, que redimían sus penas en la obra del pantano. Entre sus madres y ellos habían construido una extraña aldea de chabolas y cuevas, adosadas a las rocas, porque no se podían pagar el alojamiento en la aldea. "Gentuza, ladrones, asesinos...", decían las gentes del lugar. Nadie les hubiera alquilado una habitación. Y tenían que estar allí. Aquellas mujeres y aquellos niños seguían a sus presos, porque de esta manera vivían del jornal que, por su trabajo, ganaban los penados.

Para nosotros, los chicos eran el terror. Nos insultaban, nos apedreaban, deshacían nuestros huertecillos de piedra y nuestros juguetes, si los pillaban en sus manos. Nosotros los teníamos por seres de otra raza, mitad monos, mitad diablos. Sólo de verlos nos venía un temblor grande, aunque quisiéramos disimularlo.

El hijo mayor del administrador era un muchacho de unos trece años, alto y robusto, que estudiaba el bachillerato en la ciudad. Aquel verano vino a casa de vacaciones, y desde el primer día capitaneó nuestros juegos. Se llamaba Efrén y tenía unos puños rojizos, pesados como mazas, que imponían un gran respeto. Como era mucho

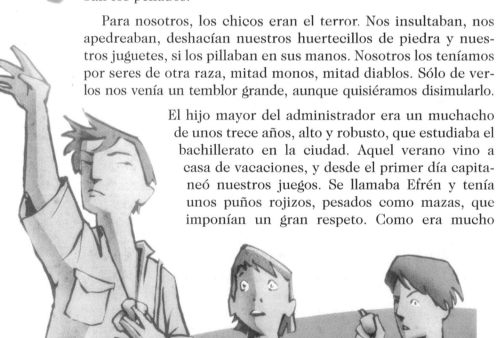

mayor que nosotros, audaz y fanfarrón, lo seguíamos donde él quisiera.

El primer día que aparecieron los chicos de las chabolas, en tropel, con su nube de polvo, Efrén se sorprendió de que echáramos a correr y saltáramos el muro en busca de refugio.

—Sois cobardes —nos dijo—. ¡Ésos son pequeños!

No hubo forma de convencerle de que eran otra cosa: de que eran algo así como el espíritu del mal.

—Bobadas —dijo—. Y sonrió de una manera torcida y particular, que nos llenó de admiración.

Al día siguiente, cuando la hora de la siesta, Efrén se escondió entre los juncos del río. Nosotros esperábamos, ocultos detrás del muro, con el corazón en la garganta. Algo había en el aire que nos llenaba de pavor. Echados en el suelo, el corazón nos golpeaba contra la tierra.

Al llegar, los chicos escudriñaron hacia el río, por ver si estábamos buscando ranas, como solíamos. Y para provocarnos, empezaron a silbar y a reír de aquella forma de siempre, opaca y humillante. Ése era su juego: llamarnos sabiendo que no apareceríamos. Nosotros seguimos ocultos y en silencio. Al fin, los chicos abandonaron su idea y volvieron al camino, trepando terraplén arriba. Nosotros estábamos anhelantes y sorprendidos, pues no sabíamos lo que Efrén quería hacer.

Mi hermano mayor se incorporó a mirar por entre las piedras y nosotros lo imitamos. Vimos entonces a Efrén deslizarse entre los juncos como una gran culebra. Con sigilo trepó hacia el terraplén, por donde subía el último de los chicos, y se le echó encima.

Con la sorpresa, el chico se dejó atrapar. Los otros ya habían llegado a la carretera y cogieron piedras, gritando. Yo sentí un gran temblor entre las rodillas, y mordí con fuerza mi medalla. Pero Efrén no se dejó intimidar. Era mucho mayor y más fuerte que aquel diablillo negruzco que retenía entre sus brazos, y echó a correr arrastrando a su prisionero al refugio del prado donde lo aguardábamos. Las piedras caían a su alrededor y en el río, salpicando de agua aquella hora abrasada. Pero Efrén saltó ágilmente sobre las pasaderas y, arrastrando al chico, que se revolvía furiosamente, abrió la empalizada y entró con él en el prado. Al verlo

perdido, los chicos de la carretera dieron media vuelta y echaron a correr como gazapos hacia sus chabolas.

Sólo de pensar que Efrén traía a una de aquellas furias, estoy segura de que mis hermanos sintieron el mismo pavor que yo. Nos arrimamos al muro, con la espalda pegada a él, y un gran frío nos subía por la garganta.

Efrén arrastró al chico unos metros, delante de nosotros. El chico se revolvía desesperado e intentaba morderle las piernas, pero Efrén levantó su puño enorme y rojizo y empezó a golpear-le la cara, la cabeza y la espalda. Una y otra vez, el puño de Efrén caía, con un ruido opaco. El sol brillaba de un modo espeso y grande sobre la hierba y la tierra. Había un gran silencio. Sólo oíamos el jadeo del chico, los golpes de Efrén y el fragor del río, dulce y fresco, indiferente, a nuestras espaldas. El canto de las cigarras parecía haberse detenido. Como todas las voces.

Efrén estuvo mucho rato golpeando al chico con su gran puño. El chico, poco a poco, fue cediendo. Al fin, cayó al suelo de rodillas, con las manos apoyadas en la hierba. Tenía la cara oscura, del color del barro seco, y el pelo muy largo, de un rubio mezclado de vetas negras, como quemado por el sol. No decía nada y se quedó así, de rodillas. Luego, cayó contra la hierba, pero levantando la cabeza, para no desfallecer del todo. Mi hermano mayor se acercó despacio, y luego nosotros.

Parecía mentira lo pequeño y lo delgado que era. "Por la carretera parecían mucho más altos", pensé. Efrén estaba de pie a su lado, con sus grandes y macizas piernas separadas, los pies calzados con gruesas botas de ante. ¡Qué enorme y brutal parecía Efrén en aquel momento!

—¿No tienes aún bastante? —dijo en voz muy baja, sonriendo. Sus dientes, con los colmillos salientes, brillaban al sol—. Toma, toma...

Le dio con la bota en la espalda. Mi hermano mayor retrocedió un paso y me pisó. Pero yo no podía moverme: estaba como clavada en el suelo. El chico se llevó la mano a la nariz. Sangraba, no se sabía si de la boca o de dónde.

Efrén nos miró.

—Vamos —dijo—. Éste ya tiene lo suyo.

Y le dio con el pie otra vez.

—¡Lárgate, puerco! ¡Lárgate enseguida!

Efrén se volvió, grande y pesado, despacioso, hacia la casa, muy seguro de que le seguíamos.

Mis hermanos, como de mala gana, como asustados, le obedecieron. Sólo yo no podía moverme, no podía, del lado del chico. De pronto, algo raro ocurrió dentro de mí. El chico estaba allí, tratando de incorporarse, tosiendo. No lloraba. Tenía los ojos muy achicados, y su nariz ancha y aplastada vibraba extrañamente. Estaba manchado de sangre. Por la barbilla le caía la sangre, que empapaba sus andrajos y la hierba. Súbitamente me miró. Y vi sus ojos de pupilas redondas, que no eran negras, sino de un pálido color de topacio, transparentes, donde el sol se metía y se volvía de oro. Bajé los míos, llena de una vergüenza dolorida.

El chico se puso en pie despacio. Se debió de herir en una pierna, cuando Efrén lo arrastró, porque iba cojeando hacia la empalizada. No me atreví a mirar su espalda, renegrida y desnuda entre los desgarrones. Sentí ganas de llorar, no sabía exactamente por qué. Únicamente supe decirme: "Si sólo era un niño. Si era nada más que un niño, como otro cualquiera".

Cuentos españoles. Antología. La Habana, Editorial Arte y Literatura, 1976.

▨ EJERCICIOS PARA EL ESTUDIO DEL LÉXICO Y LA COMPRENSIÓN DEL TEXTO ▨

1

Haz una lista con las palabras que en el texto
se relacionan con el campo temático: VIOLENCIA.

2

Busca en el diccionario la definición
de las palabras siguientes:

penal, preso, jornal, chabola,
terraplén, tropel, gazapo, jadeo,
cigarras, empalizada, vergüenza.

3

Relaciona los recuadros y forma parejas de sinónimos.

> *achicharrada, desportillada, harapientos, malvados, macizas, adosadas,
> fanfarrón, audaz, torcida, particular, pavor, pesado, humillante*

> *degradante, rota, calurosa, malos, pegadas, altanero, chueca, peculiar,
> atrevido, miedo, fuerte, andrajosos, duras*

4

Ahora, forma parejas de antónimos.

> *oscuros, descalzos, callosos, seco, entrecortado, desconocido, distintos,
> chabolas, presos, robusto, audaz, cobarde, salientes*

> *calzados, entrantes, fanfarrón, conocido, semejantes, palacios, libres, débil,
> mojado, claros, lisos, directo, miedoso*

5

Sustituye el adjetivo subrayado por otra estructura o palabra equivalente:

1. Los chicos, <u>harapientos</u>, con los ojos oscuros y brillantes.

2. Los chicos, <u>descalzos</u> y <u>callosos</u>, que tiraban piedras.

3. Una aldea de chabolas y cuevas, <u>adosadas</u> a las rocas, porque eran pobres.

4. Tenía unos puños rojizos, <u>pesados</u> como mazas, que imponían respeto.

5. El chico se revolvía <u>desesperado</u>.

6. El fragor del río, <u>dulce</u> y <u>fresco</u>, <u>indiferente</u> a nuestras espaldas.

7. Sus dientes, con los colmillos <u>salientes</u>, brillaban al sol.

6

Señala si son verdaderas o falsas las afirmaciones siguientes:

1. Son dos grupos de muchachos que pasan juntos las vacaciones...... V F

2. Los de un grupo son ricos y los del otro grupo son pobres............. V F

3. Para los chicos ricos, los pobres son malvados, terribles
y salvajes... V F

4. Los ricos les tienen pavor a los pobres.. V F

5. Efrén, el chico fuerte y rico, apalea a un chico pobre y lo mata........ V F

6. Los chicos ricos son cobardes y huyen ante los pobres...................... V F

7. La pelea entre los dos bandos termina con la victoria de los
pobres .... V F

8. La narradora siente dolor por el chico pobre apaleado...................... V F

9. Los dos chicos que pelean son fuertes y macizos................................. V F

7

Escribe las frases siguientes utilizando otras palabras:

1. Eran sólo cinco o seis, pero se nos antojaban quince o veinte.

2. Para nosotros, los chicos eran el terror.

3. Los chicos echaron a correr como gazapos hacia sus chabolas.

4. El canto de las cigarras parecía haberse detenido.

5. Yo no podía moverme, estaba como clavada en el suelo.

6. Por la barbilla le caía la sangre, que empapaba sus andrajos y la hierba.

7. Únicamente supe decirme: "Si sólo era un niño, un niño como otro cualquiera".

8. Llegaban entre una nube de polvo que levantaban sus pies, como las pezuñas de los caballos.

9. Nosotros esperábamos ocultos, con el corazón en la garganta.

8

Completa los espacios en blanco con las palabras del recuadro.

> *mayor, indiferente, jadeo, puños, verano, espeso, fragor, rojizo, desesperado, sorpresa, juegos, vacaciones, bachillerato, mazas, respeto, fanfarrón, golpes, dulce, pesados, audaz, robusto*

El hijo .... del administrador era un muchacho de unos trece años, alto y ...., que estudiaba el .... en la ciudad. Aquel .... vino a casa de .... y desde el primer día, capitaneó nuestros .... Se llamaba Efrén y tenía unos .... rojizos, ... como ...., que imponían un gran .... Como era mucho mayor que nosotros, ... y ...., lo seguíamos a todas partes. Un día, Efrén atrapó a uno de los chicos por .... El chico se revolvía .... e intentaba morderle las piernas, pero Efrén levantó su puño enorme y .... y empezó a golpearle la cara, la cabeza, la espalda. El sol brillaba de un modo .... y grande, sobre la hierba y la tierra. Sólo oíamos el .... del chico, los .... de Efrén y el .... del río, ... y fresco, ... a nuestras espaldas.

Expresión oral y escrita

1. Este relato narra el enfrentamiento de un grupo de chicos, locales y ricos, y otros de chicos forasteros y pobres, y la discriminación que sufren estos últimos. Comenta cómo se describe al bando forastero y describe, desde tu punto de vista, al bando de los chicos ricos: la narradora y sus hermanos, y Efrén, principalmente.

2. Sabemos que es una narradora quien relata el cuento. ¿Piensas que es importante que sea una muchacha? ¿Cambiaría el cuento con un narrador masculino?

3. Conforme avanza la narración se va produciendo un cambio notable en la apreciación de la narradora respecto al chico forastero y a Efrén. Explica cómo ocurre. ¿Hay, en tu opinión, alguna lección o moraleja en el relato?

4. El cuento habla de discriminación social: los presos y sus hijos son temidos por los habitantes del lugar. Escribe sobre otros tipos de discriminación social que conozcas.

5. ¿De qué manera crees que contribuye la sociedad a acrecentar la discriminación social? ¿Piensas que la misma sociedad podría hacer algo para que desaparecieran las discriminaciones? En relación con los presos, ¿cómo se podría solucionar su reinserción social una vez que salen de la cárcel?

6. El relato muestra la crueldad infantil y juvenil. ¿Es cierto que los niños pueden ser tan crueles como los mayores? Expón tu opinión sobre este punto.

BEATRIZ ÁLVAREZ KLEIN

LECTURA

6 *Lugares sombríos*

Beatriz Álvarez Klein nació en Ciudad de México en 1955. Es traductora y escritora de cuentos fantásticos e insólitos y coautora, junto con Emiliano González, de *El libro de lo insólito*, antología que recoge una trayectoria literaria europea que comienza con el movimiento simbolista en el siglo XIX. Sus narraciones destacan por la vigencia de lo irreal y la presencia de temas relacionados con la literatura esotérica: la magia, el doble, el amor, el viaje astral, el más allá y la premonición, entre otros.

VOCABULARIO BÁSICO
rendija, pesadumbre, estatua, aprensión, rostro, antecedentes, horror, suplemento, sección, artes plásticas, presentimiento, obsidiana, fascinación, atormentado, abismo, sombra, apariencia, negrura, perseguidor, asfalto, huida, condena

Desde aquel día camino por lugares sombríos. Tal vez sería mejor que guardara silencio. No quisiera que por alguna rendija se filtrara en su vida la pesadumbre. Pero si usted insiste en que le narre los sucesos que me hacen temblar de horror, debo pedirle entonces que no revele nunca lo que ha oído. A nadie más he contado la terrible historia de mi locura. Nunca antes he descrito la casa de altos muros, de pesados cortinajes y estatuas sin rostro.

Pero me parece que debo ponerlo en antecedentes. Trabajaba yo para el suplemento de un diario que hace mucho tiempo dejó de existir. Mi tarea consistía en hacer entrevistas para la sección de artes plásticas. Algunos amigos me habían hablado de un pintor desconocido. No sabían explicarme.

la fascinación que ejercía sobre ellos la obra de este artista soli-
tario; pero sus palabras entrecortadas insinuaban algo muy
fuera de lo común, algo no humano.

Después de varios intentos inútiles en apariencia,
tuve en mis manos una tarjeta con la dirección del
pintor, escrita con una letra apenas legible. Así fue
como aquel 29 de octubre me aventuré hacia las
afueras de la ciudad. Eran las once de la mañana
y hacía un calor intenso. Atravesé un pequeño
bosque, sintiéndome aliviada por la sombra de
los árboles. Sin embargo, una vaga aprensión
me hizo apresurar el paso. Se proyectaban,
sobre las hojas esparcidas en el suelo, formas
extrañas e indescriptibles.

Poco después vi un caserío de callejue-
las empedradas y muros cubiertos de
enredaderas. Hacia el final de la
calle se erguía una casa de enor-
mes dimensiones y al parecer
sin ventanas; de la parte alta
sobresalía   una   torre.
Tuve que golpear
varias veces la
puerta con
la aldaba.

Abrió un anciano de ojos azules e inexpresivos; sonriente, me tendió la mano y me hizo pasar. Cuando le expliqué el motivo de mi visita, dejó de sonreír unos instantes. Me di cuenta de que sería imposible entrevistarlo.

—Seguramente sus amigos habrán hecho elogios de mi obra que no le corresponden —dijo con una voz apagada, susurrándome casi al oído—. Pero ¿qué ha hecho el pobre van Haaken que los amerite?

Me ofreció una taza de té —un té muy especial— y me llevó a la sala. En ella colgaban pesadas cortinas de terciopelo negro. Sobre la repisa de la chimenea había un busto de mármol. No tenía rostro: en su lugar había una superficie oval lisa y brillante, como un espejo. A un lado de la chimenea, un amplio sillón, el favorito del pintor, y frente a éste, un sofá de brocado púrpura.

—Por favor, tome asiento; póngase cómoda —me dijo el anciano, señalando hacia el sofá—. Espere un momento. Voy a preparar el té. Le gustará, estoy seguro.

Unos minutos más tarde reapareció con dos tazas. El té exhalaba un aroma de cedro. El viejo sonrió amablemente y me dijo:

—Fíjese usted bien en la columna de vapor: ésa es mi maestra. Seguía curvas caprichosas y describía formas imposibles que poco a poco se desvanecían en el aire, dejando apenas un esbozo de la figura original.

Tomamos el té en silencio. De cuando en cuando, el viejo me miraba fijamente, siempre sonriendo. Sin embargo, advertí que se sentía incómodo; diríase que estaba ansioso por dar fin a la visita. Se pasaba una mano por las sienes y la frente. Después de colocar la taza sobre una mesita, se levantó de su sillón y se disculpó.

—Ha sido un placer estar con usted, pero ahora le ruego que me disculpe. Estoy muy cansado y quisiera dormir un poco: pero suba usted por esa escalera. Arriba encontrará el estudio. Tómese su tiempo y, por favor, cuando salga, no deje de cerrar la puerta.

Estaba exaltado. Me tendió nuevamente la mano, ahora sudorosa. Le di las gracias y lo vi desaparecer hacia el final de un pasillo. Por fin veré sus cuadros, me dije.

La escalera correspondía a la torre que había yo visto desde la calle. Era oscura, de manera que tuve que subir casi a tientas. Terminaba en una puerta que abrí con cierto recelo.

Aunque el estudio era amplio y luminoso, se respiraba en él una ominosa pesadez. Colgaban de las paredes algunos cuadros, variaciones sobre un paisaje que de pronto me pareció reconocer. Se trataba, sí, del bosquecillo que había yo cruzado para llegar hasta la casa. Como supuse, el pintor había puesto especial atención a las sombras proyectadas sobre el suelo de hojas secas. Con unos pocos trazos delineaba figuras que sólo podían ser fruto de una imaginación atormentada.

En verdad los cuadros eran interesantes, pero no me pareció tener ante mis ojos la obra del pintor extraordinario que tanto habían elogiado mis amigos. Después de todo, pensé, quizá el anciano tenía razón.

Me hice una idea de cómo redactaría una nota para el diario y me dispuse a bajar. Sin embargo, me detuvo el descubrimiento de un pequeño cuadro cubierto con un pedazo de lienzo. A medida que levantaba el velo, me penetraba una sensación de terror cuyo motivo no alcanzaba a comprender, pero que me hacía sentir que algo horrible se ocultaba tras esa tela.

El cuadro reproducía, nada menos, la sala de su casa: la misma sala en la que minutos antes había estado sentada. Había algo extraño en el busto, que no era ya de mármol, sino de obsidiana. En su superficie lisa se reflejaba un rostro deforme cuyos ojos, como los del viejo, azules y saltones, parecían tener vida. Aunque con repugnancia, seguí mirando el cuadro. Una mujer —la única figura humana en la obra de van Haaken— ocupaba el centro del sofá; era una vieja encorvada. Sostenía en su regazo una taza de porcelana que emitía un brillo insólito y de la cual se desprendía una densa nube de vapor. Las líneas de su rostro, vacío de expresión, me hicieron retroceder, horrorizada; algunos trazos recordaban vagamente mi propia cara.

El presentimiento que tuve al descubrir el retrato no había sido vano, y mi horror se acrecentó cuando, en pleno mediodía, el estudio se cubrió por un instante de sombra. Me quedé paralizada. Finalmente me dirigí a la ventana, y al asomarme vi que el sol resplandecía, iluminando el bosque.

No comprendo qué fuerza me movió a mirar una vez más el cuadro. Pude ver entonces sus ojos, esos ojos… Las pupilas parecían girar como dos negros remolinos que me arrastraban hacia un abismo infinito.

Eché a correr por la habitación; era inútil: como dos serpientes negras, los ojos me seguían a todas partes. A tropezones descendí la escalera, saltando tres y cuatro peldaños a la vez, sin dejar de sentir por un instante el asedio de esos ojos horribles. Corrí sin detenerme por entre muebles antiguos y estatuas que obstaculizaban mi huida.

De pronto me encontré de nuevo en la calle. Me adentré en el bosque, con la vista fija en el suelo. Las hojas vibraban a mi paso.

Llegué por fin a las primeras casas de la ciudad. Me detuve para recobrar el aliento y me sequé el sudor del rostro con el dorso de la mano. Por lo menos estaba en un sitio conocido. Sin embargo, de pronto recordé que había dejado la puerta abierta. Presa del pavor, me volví hacia atrás. Todo tenía una apariencia completamente normal, de modo que aventuré unos pasos. Un poco más adelante oí un tintineo metálico sobre el asfalto. Mi llave se había caído del bolso. Me agaché a recogerla. Había sido absurdo de mi parte pensar que la negrura que me acosaba se comportaría como un perseguidor común. No hacía falta volver la vista atrás. En realidad me había acompañado a lo largo de toda mi desesperada huida: al incorporarme, pude ver mi sombra, aún encorvada; y a la altura de la cara, esos ojos…

Usted comprenderá que algunas veces me es inevitable salir durante el día. Camino entonces pegada a la pared o disimulo. He notado un discreto gesto de extrañeza en las personas que llegan a ver mi sombra. Para ellos, aunque aberrante, es simplemente una sombra. Pero pesa sobre mí como una condena implacable, porque sólo yo conozco su mirada.

El libro de lo insólito. Antología.
México, Fondo de Cultura Económica, 1989.

▓ EJERCICIOS PARA EL ESTUDIO DEL LÉXICO Y LA COMPRENSIÓN DEL TEXTO ▓

Haz una lista con las palabras que en el texto se relacionan con el campo temático: MIEDO.

2

Busca definiciones para las palabras siguientes:
rendija, pesadumbre, suplemento, brocado, púrpura, lienzo, retrato, tropezón, asedio, asfalto, busto.

Relaciona los recuadros y forma parejas de sinónimos.

sombríos, pesadumbre, terrible, pesados, desconocido, entrecortadas, legible, intenso, aliviada, vaga, indescriptibles, brillante

descifrable, horrible, incomprensible, descansada, oscuros, ligera, resplandeciente, profundo, tristeza, molestos, balbuceantes, inimaginables

Ahora, forma parejas de antónimos.

especial, curvas, original, fijamente, incómodo, ansioso, exaltado, luminoso, ominosa, infinito, común, aberrante, implacable

plagio, cómodo, superficialmente, rectas, tranquilo, sombrío, ligera, finito, peculiar, ordinario, magnánimo, natural, calmado

Sustituye las palabras subrayadas por una expresión equivalente utilizando un adverbio de modo:

1. Después de varios intentos <u>inútiles en apariencia</u>.

2. Tomamos el té <u>en silencio</u>.

3. Terminaba en una puerta que abrí <u>con recelo</u>.

4. Se respiraba allí <u>una ominosa pesadez</u>.

5. La taza <u>emitía un brillo insólito</u>.

6. El estudio se cubrió <u>por un instante</u> de sombra.

7. <u>Me es inevitable salir</u> durante el día.

8. Pesa sobre mí <u>como una condena implacable</u>.

9. <u>Sólo</u> yo conozco su mirada.

Escribe las frases siguientes utilizando otras palabras:

1. Me parece que debo ponerlo en antecedentes.

2. Una vaga aprensión me hizo apresurar el paso.

3. Tómese su tiempo y cuando salga no deje de cerrar la puerta.

4. Las hojas vibraban a mi paso.

5. Me quedé paralizada.

6. Presa del pavor, me volví hacia atrás.

7. Me adentré en el bosque, con la vista fija en el suelo.

8. La escalera era oscura, de manera que tuve que subir casi a tientas.

Señala si son verdaderas o falsas las afirmaciones siguientes:

1. La narradora se ha vuelto loca... V F

2. Sus problemas comienzan cuando entrevista a un político............ V F

3. Este hombre vive en un lugar insólito y se dedica al arte............... V F

4. La narradora se siente impresionada por este hombre..................... V F

5. El artista quiere agradar a la narradora... V F

6. Ella se encuentra atrapada en la torre del caserón........................... V F

7. El hombre le da una droga a la narradora.. V F

8. Ella descubre su propio rostro en una estatua.................................. V F

9. Una sombra persigue continuamente a la narradora....................... V F

10. Ella no sale de día a la calle, a causa de su sombra......................... V F

Completa los espacios en blanco con las palabras del recuadro.

> *repugnancia, cuadro, busto, encorvada, regazo, obsidiana, mármol,*
> *chimenea, rostro, sombra, bosque, superficie, saltones, vapor, paralizada,*
> *insólito, cara, presentimiento, retrato, vano, porcelana*

El .... reproducía la sala de su casa: la misma sala en que minutos antes había estado sentada. En el .... que estaba sobre la .... había algo extraño. Ya no era de ...., sino de .... En su .... lisa se reflejaba un .... deforme cuyos ojos, como los del viejo, azules y ...., parecían tener vida. Aunque con ...., seguí mirando el cuadro. Una mujer —la única figura humana en la obra de van Haaken— ocupaba el centro del sofá: era una vieja .... Sostenía en su .... una taza de .... que emitía un brillo .... y de la cual se desprendía una densa nube de .... Las líneas de su rostro, vacío de expresión, me hicieron retroceder horrorizada; algunos trazos recordaban vagamente mi propia .... El .... que tuve al descubrir el .... no había sido .... y mi horror se acrecentó cuando, en pleno mediodía, el estudio se cubrió por un instante de .... Me quedé .... Finalmente me dirigí a la ventana, y al asomarme vi que el sol resplandecía, iluminando el ....

Expresión oral y escrita

1. El relato implica muy directamente al lector, llevándolo a un espacio misterioso y fantástico. ¿Dónde se sitúa la interpelación más directa del autor al lector? ¿Consigue verdaderamente la narradora atraparle y transmitirle sus emociones? Escribe sobre las estrategias usadas por la narradora para arrastrar al lector a su espacio emocional.

2. La protagonista y narradora son la misma persona, de modo que ésta es una narración subjetiva, en primera persona. Este recurso hace que se produzca una empatía entre lector y protagonista. Escribe sobre las diferencias que existen entre un texto narrado en primera persona y otro narrado en tercera persona. ¿Hasta qué punto los efectos del texto en el lector son diferentes?

3. La narradora-protagonista es periodista y va a entrevistar a un personaje famoso: un pintor. ¿A qué personaje famoso te gustaría entrevistar? Escribe un guión con las preguntas que le harías. Si el personaje que más admiras ya hubiera muerto, imagina la entrevista y apunta las preguntas que le habrías hecho.

4. La protagonista del relato se siente atrapada por un cuadro misterioso que plasma su propio rostro. Escribe acerca de diferentes expresiones artísticas: pintura, escultura, cine, fotografía... Comenta sus diferencias y similitudes, y di cuál es tu preferida, si la tienes, cuáles son tus artistas favoritos, etc.

5. Los museos son los lugares adonde acudimos para ver exposiciones de pintura, escultura y fotografía. Escribe sobre los museos que hayas visitado y sobre el que más te haya impresionado. Di también qué expresión artística te atrae más a la hora de visitar un museo.

6. El cine es considerado el séptimo arte. ¿Qué películas son tus preferidas? ¿Y tus actores y directores favoritos? ¿Conoces el cine español? ¿Qué opinión te merece?

AUGUSTO
MONTERROSO

7 *Míster Taylor*

Augusto Monterroso nació en Tegucigalpa en 1921. Vivió su infancia y juventud en Guatemala, país del que se tuvo que exiliar por motivos políticos en 1944. Ha vivido en diversos países latinoamericanos, aunque tiene fijada su residencia en Ciudad de México. Ha cultivado el género breve: fábulas, aforismos, ensayos, cuentos, etc., y también la novela. En 1993 publicó sus memorias, *Los buscadores de oro*, y, más recientemente, un libro de ensayos: *La vaca* (1999).

VOCABULARIO BÁSICO

cazador, decreto, amazónico, indígenas, tribu, gringo, vereda, estremecimiento, lecho, choza, franqueza, ejecutivo, horca, legislativo, aborígenes, popularidad, coleccionista, juristas, delito, fusilamiento, ataúd, patria, prosperidad, diputados, deshonra, melancolía, maleza, revólver

—Menos rara, aunque sin duda más ejemplar —dijo entonces el otro—, es la historia de Mr. Percy Taylor, cazador de cabezas en la selva amazónica.

Se sabe que en 1937 salió de Boston, Massachussets, en donde había pulido su espíritu hasta el extremo de no tener un centavo. En 1944 aparece por primera vez en América del Sur, en la región del Amazonas, conviviendo con los indígenas de una tribu cuyo nombre no hace falta recordar.

Por sus ojeras y su aspecto maléfico pronto llegó a ser conocido allí como "el gringo pobre", y los niños de la escuela hasta lo señalaban con el dedo y le tiraban piedras cuando pasaba con su barba brillante bajo el dorado sol tropical. Pero esto no afligía la humilde condición de Mr. Taylor porque había leído en las *Obras Completas* de William G. Knight que si no se siente envidia de los ricos la pobreza no deshonra.

En pocas semanas los naturales se acostumbraron a él y a su ropa extravagante. Además, como tenía los ojos azules y un vago acento extranjero, el Presidente

y el Ministro de Relaciones Exteriores lo trataban con singular respeto, temerosos de provocar incidentes internacionales.

Tan pobre y mísero estaba, que cierto día se internó en la selva en busca de hierbas para alimentarse. Había caminado cosa de varios metros sin atreverse a volver el rostro, cuando por pura casualidad vio a través de la naturaleza dos ojos indígenas que lo observaban decididamente. Un largo estremecimiento recorrió la sensitiva espalda de Mr. Taylor. Pero Mr. Taylor, intrépido, arrostró el peligro y siguió su camino silbando como si nada hubiera visto.

De un salto (que no hay para qué llamar felino) el nativo se le puso enfrente y exclamó:

—*Buy head? Money, money.*

A pesar de que el inglés no podía ser peor, Mr. Taylor, algo indispuesto, sacó en claro que el indígena le ofrecía en venta una cabeza de hombre, curiosamente reducida, que traía en la mano.

Es innecesario decir que Mr. Taylor no estaba en capacidad de comprarla; pero, como aparentó no comprender, el indio se sintió terriblemente disminuido por no hablar bien el inglés, y se la regaló pidiéndole disculpas.

Grande fue el regocijo con que Mr. Taylor regresó a su choza. Esa noche, acostado boca arriba sobre la precaria estera de palma que le servía de lecho, interrumpido tan sólo por el zumbar de las moscas acaloradas que revoloteaban en torno haciéndose obscenamente el amor, Mr. Taylor contempló con deleite un buen rato su curiosa adquisición. El mayor goce estético lo extraía de contar, uno por uno, los pelos de la barba y el bigote, y de ver de frente el par de ojillos entre irónicos que parecían sonreírle agradecidos por aquella deferencia.

Hombre de vasta cultura, Mr. Taylor solía entregarse a la contemplación; pero esta vez enseguida se aburrió de sus reflexiones filosóficas y dispuso obsequiar la cabeza a un tío suyo, Mr. Rolston, residente en Nueva York, quien desde la más tierna infancia había revelado una fuerte inclinación por las manifestaciones culturales de los pueblos hispanoamericanos.

Pocos días después, el tío de Mr. Taylor le pidió —previa indagación sobre el estado de su importante salud— que por favor lo complaciera con cinco más. Mr. Taylor accedió gustoso al capricho de Mr. Rolston y —no se sabe de qué modo— a vuelta de correo, ya que, como él mismo reconoció, "tenía mucho agrado en satisfacer sus deseos". Muy reconocido, Mr. Rolston le solicitó otras diez. Mr. Taylor se sintió "halagadísimo de poder servirlo". Pero cuando pasado un mes, aquél le rogó el envío de veinte cabezas, Mr. Taylor, hombre rudo y barbado pero de refinada sensibilidad artística, tuvo el presentimiento de que el hermano de su madre estaba haciendo negocio con ellas.

Bueno, si lo quieren saber, así era. Con toda franqueza, Mr. Rolston se lo dio a entender en una inspirada carta cuyos términos resueltamente comerciales hicieron vibrar como nunca las cuerdas del sensible espíritu de Mr. Taylor. De inmediato concertaron una sociedad en la que Mr. Taylor se comprometía a obtener y remitir cabezas humanas reducidas en escala industrial, en tanto que Mr. Rolston las vendería lo mejor que pudiera en su país.

Los primeros días hubo algunas molestas dificultades con ciertos tipos del lugar. Pero Mr. Taylor se reveló como político y obtuvo de las autoridades, no sólo el permiso necesario para exportar, sino, además, una concesión exclusiva por noventa y nueve años. Escaso trabajo le costó convencer al guerrero ejecutivo y a los brujos legislativos de que aquel paso patriótico enriquecería en corto tiempo a la comunidad, y de que luego estarían todos los sedientos aborígenes en posibilidad de beber (cada vez que hicieran una pausa en la recolección de cabezas) un refresco bien frío, cuya fórmula mágica él mismo proporcionaría.

Cuando los miembros de la Cámara, después de un breve pero luminoso esfuerzo intelectual, se dieron cuenta de tales ventajas, sintieron hervir su amor a la patria y en tres días promulgaron un decreto exigiendo al pueblo que acelerara la producción de cabezas reducidas. Contados meses más tarde, en el país de Mr. Taylor las cabezas alcanzaron aquella popularidad que todos recordamos. Al principio eran privilegio de las familias más pudientes; pero la democracia es la democracia y, nadie lo va a negar, en cuestión de semanas pudieron adquirirlas hasta los mismos maestros de escuela.

Un hogar sin su correspondiente cabeza teníase por un hogar fracasado. Pronto vinieron los coleccionistas y, con ellos, las contradicciones: poseer diecisiete cabezas llegó a ser considerado de mal gusto; pero era distinguido tener once. Se vulgarizaron tanto que los verdaderos elegantes fueron perdiendo interés y ya sólo por excepción adquirían alguna, si presentaba cualquier particularidad que la salvara de lo vulgar. Una, muy rara, con bigotes prusianos, que perteneciera en vida a un general bastante condecorado, fue obsequiada al Instituto Danfeller, el que a su vez donó, como de rayo, tres millones y medio de dólares para impulsar el desenvolvimiento de aquella manifestación cultural tan excitante de los pueblos hispanoamericanos.

Mientras tanto, la tribu había progresado en tal forma que ya contaba con una veredita alrededor del Palacio Legislativo. Por esa alegre veredita paseaban los domingos y el Día de la Independencia los miembros del Congreso, carraspeando, luciendo sus plumas, muy serios, riéndose, en las bicicletas que les había obsequiado la Compañía.

Pero ¿qué quieren? No todos los tiempos son buenos. Cuando menos lo esperaban se presentó la primera escasez de cabezas. Las meras defunciones resultaron ya insuficientes.

Para compensar esa deficiencia administrativa fue indispensable tomar medidas heroicas y se estableció la pena de muerte en forma rigurosa. Los juristas se consultaron unos a otros y elevaron a la categoría de delito, penado con la horca o el fusilamiento, según su gravedad, hasta la falta más mínima.

Incluso las simples equivocaciones pasaron a ser hechos delictuosos. Ejemplo: si en una conversación banal, alguien, por puro descuido, decía: "Hace mucho calor", y posteriormente podía comprobársele, termómetro en mano, que en realidad el calor no era para tanto, se le cobraba un pequeño impuesto y era pasado ahí mismo por las armas, correspondiendo la cabeza a la Compañía y, justo es decirlo, el tronco y las extremidades a los dolientes.

La legislación sobre las enfermedades ganó inmediata resonancia y fue muy comentada por el cuerpo diplomático y por las cancillerías de potencias amigas.

De acuerdo con esa memorable legislación, a los enfermos graves se les concedían veinticuatro horas para poner sus papeles en regla y morirse; pero si en este tiempo tenían suerte y contagiaban a la familia, obtenían tantos plazos de un mes como parientes fueran contaminados. Las víctimas de enfermedades leves y los simplemente indispuestos merecían el desprecio de la patria y, en la calle, cualquiera podía escupirles el rostro. Fallecer se convirtió en ejemplo del más exaltado patriotismo, no sólo en el orden nacional, sino en el más glorioso, en el continental.

Con el empuje que alcanzaron otras industrias subsidiarias (la de ataúdes, en primer término, que floreció con la asistencia técnica de la Compañía) el país entró, como se dice, en un periodo de gran auge económico. Este impulso fue particularmente comprobable en una nueva veredita florida, por la que paseaban, envueltas en la melancolía de las doradas tardes de otoño, las señoras de los diputados, cuyas lindas cabecitas decían que sí, que sí, que todo estaba bien, cuando algún periodista solícito, desde el otro lado, las saludaba sonriente sacándose el sombrero.

¿Y Mr. Taylor? Para ese tiempo ya había sido designado consejero particular del Presidente Constitucional. Ahora, y como ejemplo de lo que puede el esfuerzo individual, contaba los miles por miles; mas esto no le quitaba el sueño porque había leído que ser millonario no deshonra si no se desprecia a los pobres.

Creo que con ésta será la segunda vez que diga que no todos los tiempos son buenos.

Dada la prosperidad del negocio llegó un momento en que del vecindario sólo iban quedando ya las autoridades y sus señoras y los periodistas y sus señoras. Sin mucho esfuerzo, el cerebro de Mr. Taylor discurrió que el único remedio posible era fomentar la guerra con las tribus vecinas. ¿Por qué no? El progreso.

Con ayuda de unos cañoncitos, la primera tribu fue descabezada en escasos tres meses. Mr. Taylor saboreó la gloria de extender sus dominios. Luego vino la segunda; después la tercera y la cuarta y la quinta. El progreso se extendió con tanta rapidez que llegó la hora en que, por más esfuerzos que realizaron los técnicos, no fue posible encontrar tribus vecinas a quienes hacer la guerra.

Fue el principio del fin.

Las vereditas empezaron a languidecer. Sólo de vez en cuando se veía transitar por ellas a alguna señora, a algún poeta laureado con su libro bajo el brazo. La maleza, de nuevo, se apoderó de las dos, haciendo difícil y espinoso el delicado paso de las damas. Con las cabezas, escasearon las bicicletas y casi desaparecieron del todo los alegres saludos optimistas.

El fabricante de ataúdes estaba más triste y fúnebre que nunca. Y todos sentían como si acabaran de recordar un grato sueño, ese sueño formidable en que tú te encuentras una bolsa repleta de monedas de oro y la pones debajo de la almohada y sigues durmiendo y al día siguiente muy temprano, al despertar, la buscas y te hallas con el vacío.

Sin embargo, penosamente, el negocio seguía sosteniéndose. Pero ya se dormía con dificultad, por el temor a amanecer exportado.

En la patria de Mr. Taylor, por supuesto, la demanda era cada vez mayor. Diariamente aparecían nuevos inventos, pero en el fondo nadie creía en ellos y todos exigían las cabecitas hispanoamericanas.

Fue para la última crisis. Mr. Rolston, desesperado, pedía más y más cabezas. A pesar de que las acciones de la Compañía sufrieron un brusco descenso, Mr. Rolston estaba convencido de que su sobrino haría algo que lo sacara de la situación.

Los embarques, antes diarios, disminuyeron a uno por mes, ya con cualquier cosa, con cabezas de niño, de señoras, de diputados.

De repente cesaron del todo.

Un viernes áspero y gris, de vuelta de la Bolsa, aturdido aún por la gritería y por el lamentable espectáculo de pánico que daban sus amigos, Mr. Rolston se decidió a saltar por la ventana (en vez de usar el revólver, cuyo ruido lo hubiera llenado de terror) cuando al abrir un paquete del correo se encontró con la cabecita de Mr. Taylor, que le sonreía desde lejos, desde el fiero Amazonas, con una sonrisa falsa de niño que parecía decir: "Perdón, perdón, no lo vuelvo a hacer".

Obras completas (y otros cuentos).
México, Era, 1990.

■■ EJERCICIOS PARA EL ESTUDIO DEL LÉXICO Y LA COMPRENSIÓN DEL TEXTO ■■

Haz una lista con las palabras que en el texto se relacionan con el campo temático: COLONIZACIÓN.

Busca en el diccionario definiciones para las palabras siguientes:

cazador, indígenas, tribu, gringo, juristas, legisladores, concesión, patria, democracia, coleccionista.

Relaciona los recuadros y forma parejas de sinónimos.

> *maléfico, rara, humilde, extranjero, singular, intrépido, nativo, felino, excitante, exaltado, subsidiarias, auge, melancolía, lindas, solícito, designado, esfuerzo, progreso*

> *trabajo, asociadas, prosperidad, atento, bonitas, apogeo, nostalgia, nervioso, enervante, modesto, aborigen, atrevido, peculiar, nombrado, forastero, malvado, gatuno, extravagante*

Ahora, forma parejas de antónimos.

mísero, exportar, barbado, previa, rigurosa, doliente, individual, único, fúnebre, grato, rapidez, espinoso, laureado, optimista, desesperado

imberbe, sano, vulgar, opulento, posterior, calmado, alegre, liso, colectivo, importar, benevolente, ingrato, vapuleado, lentitud, pesimista

Sustituye las palabras subrayadas por un sustantivo con preposición:

1. Unos ojos que lo observaban <u>decididamente</u>.

2. Mr. Taylor, <u>intrépido</u>, arrostró el peligro.

3. Mr. Taylor, <u>algo indispuesto</u>, sacó en claro que el indígena quería venderle una cabeza.

4. Parecían sonreírle <u>agradecidos</u> por aquella deferencia.

5. Mr. Taylor accedió <u>gustoso</u> al capricho de Mr. Rolston.

6. <u>Posteriormente</u> se podía comprobar que no era cierto.

7. Sin embargo, <u>penosamente</u>, el negocio seguía.

8. <u>Diariamente</u> aparecían nuevos inventos.

Señala si son verdaderas o falsas las afirmaciones siguientes:

1. Mr. Taylor viajó a la selva amazónica con intención
de hacerse rico... V F

2. Un día, se encontró con un indígena que le habló
en un correcto inglés... V F

3. El nativo quería venderle una cabeza humana reducida....................... V F

4. Mr. Taylor emprendió un próspero negocio con las cabezas
reducidas.. V F

5. Los aborígenes se negaron a exportar cabezas a Estados Unidos......... V F

6. El país amazónico prosperó mucho con el negocio............................ V F

7. Cuando llegó la escasez de cabezas, Mr. Taylor inventó la guerra........ V F

8. A causa del negocio de exportación, todo el mundo tenía miedo........ V F

9. La cabeza de Mr. Taylor se incluye entre las enviadas
a Estados Unidos.. V F

Escribe con otras palabras las frases siguientes:

1. En Boston había pulido su espíritu hasta el extremo de no tener un centavo.

2. En pocas semanas, los naturales se acostumbraron a él y a su ropa extravagante.

3. Hombre de vasta cultura, Mr. Taylor solía entregarse a la contemplación.

4. Un hogar sin su correspondiente cabeza, se tenía por un hogar fracasado.

5. Cuando menos lo esperaban se presentó la primera escasez de cabezas.

6. Con ayuda de unos cañoncitos, la primera tribu fue descabezada en pocos meses.

7. Sin embargo, penosamente, el negocio seguía sosteniéndose.

8. Esto no le quitaba el sueño porque había leído que ser millonario no deshonra si no se desprecia a los pobres.

9. Las vereditas empezaron a languidecer.

8

Completa los espacios en blanco con las palabras del recuadro.

> *coleccionistas, excitante, plumas, hogar, contradicciones, excepción,
> desenvolvimiento, hispanoamericanos, miembros, bicicletas, condecorado,
> particularidad, tribu, fracasado, distinguido, gusto, elegantes, vulgar,
> millones, veredita*

Un .... sin su correspondiente cabeza, se tenía por un

hogar .... Pronto vinieron los .... y,

con ellos, las ....: poseer diecisiete cabezas llegó a ser

considerado de mal ....; pero era .... tener once.

Se vulgarizaron tanto que los verdaderos .... fueron

perdiendo interés y ya sólo por .... adquirían alguna, si pre-

sentaba cualquier .... que la salvara de lo

.... Una, muy rara, con bigotes prusianos, que per-

teneciera en vida a un general bastante ...., fue obsequiada al Instituto Danfeller, el que a su vez donó tres .... y medio de dólares para impulsar el .... de aquella manifestación cultural tan .... de los pueblos .... Mientras tanto, la .... había progresado de tal forma que ya contaba con una .... alrededor del Palacio Legislativo. Por esa alegre veredita paseaban los domingos los .... del Congreso, carraspeando, luciendo sus ...., muy serios, riéndose, en las .... que les había obsequiado la Compañía.

Expresión oral y escrita

1. El relato está impregnado de una aguda ironía. La ironía es una figura retórica que consiste en dar a entender lo contrario de lo que se dice introduciendo cierta burla disimulada en temas serios y trascendentes, como es el caso del negocio que se establece entre Estados Unidos y un país amazónico, a costa de cabezas humanas reducidas. Comenta y apunta los párrafos más marcados por la ironía.

2. En el relato se trata el tema de la colonización y del imperialismo. ¿Qué sabes de este tema? ¿Cuáles son los motivos que impulsan las colonizaciones y el dominio de los países más prósperos sobre los más desfavorecidos económicamente? ¿Conoces otras formas de imperialismo en el mundo?

3. El autor nos habla de un país tropical, habitado por aborígenes que se dejan tentar por las ofertas y las promesas de los extranjeros. ¿Hasta qué punto, en tu opinión, es esto inevitable? ¿Crees que algunos países menos ricos están "mejorando" sus condiciones de vida con la intervención de los más ricos? ¿Qué piensas de este asunto? ¿Estás a favor, o en contra de la asimilación de los aborígenes a las culturas imperialistas? ¿Qué ventajas y qué desventajas presenta esta asimilación?

4. La antropología, la etnografía y la arqueología son ciencias que nos permiten conocer las más variadas y lejanas culturas, desde tiempos remotos. Sin embargo, mucha gente piensa que son otra forma de colonialismo y de dominación. ¿Qué piensas al respecto?

5. Hoy día, las llamadas ONG (Organizaciones No Gubernamentales) ayudan e influyen en el desarrollo de los pueblos menos desarrollados. ¿Conoces alguna de estas organizaciones? ¿Qué sabes de ellas?

6. El mito del indígena salvaje y bárbaro, capaz de comerse a sus semejantes, fue muy extendido en los siglos XVI y XVII por la cultura occidental, que se afirmaba, de este modo, superior a las culturas que se acababan de conocer. ¿Cómo se explica esta percepción exótica y negativa de las culturas indígenas por parte de los europeos? ¿Crees que existe todavía hoy esta mentalidad en el "mundo desarrollado"? Escribe sobre estas cuestiones y habla de tus propias experiencias.

GABRIEL
GARCÍA MÁRQUEZ

8 La prodigiosa tarde de Baltazar

Gabriel García Márquez nació en Aracataca (Colombia) en 1928. Estudió periodismo y fue nombrado corresponsal de *El Espectador* en París en 1957. Entusiasmado con la revolución cubana, vivió en diversos países latinoamericanos y se estableció en Ciudad de México en 1961. Se le concedió el Premio Nobel de Literatura en 1982. Ha escrito numerosos guiones de cine, cuentos, artículos y ensayos. Está considerado como uno de los escritores clave del *Boom* latinoamericano. Destacan sus novelas *Cien años de soledad* (1967), *El otoño del patriarca* (1975), *Crónica de una muerte anunciada* (1981), *El amor en los tiempos del cólera* (1985) y *Del amor y otros demonios* (1994).

VOCABULARIO BÁSICO

prodigio, jaula, alero, alambre, juntura, tumulto, carpintería, hamaca, chicharras, turpiales, alcaravanes, canarios, alboroto, penumbra, sudor, arneses, candor, trasto, rumores, vano, rabia, ronquido, rebanada, agonía, ovación, raya, tanda, garantía

La jaula estaba terminada. Baltazar la colgó en el alero, por la fuerza de la costumbre, y cuando acabó de almorzar ya se decía por todos lados que era la jaula más bella del mundo. Tanta gente vino a verla que se formó un tumulto frente a la casa, y Baltazar tuvo que descolgarla y cerrar la carpintería.

—Tienes que afeitarte —le dijo Úrsula, su mujer—. Pareces un capuchino.

—Es malo afeitarse después del almuerzo —dijo Baltazar.

Tenía una barba de dos semanas, un cabello corto, duro y parado como las crines de un mulo, y una expresión general de muchacho asustado. Pero era una expresión falsa. En febrero había cumplido 30 años, vivía con Úrsula desde hacía cuatro, sin casarse y sin tener hijos, y la vida le había dado muchos motivos para estar alerta, pero ninguno para estar asustado. Ni siquiera sabía que, para algunas personas, la jaula que acababa de hacer era la más bella del mundo. Para él, acostumbrado a hacer jaulas desde niño, aquél había sido apenas un trabajo más arduo que los otros.

—Entonces repósate un rato —dijo la mujer—. Con esa barba no puedes presentarte en ninguna parte.

Mientras reposaba tuvo que abandonar la hamaca varias veces para mostrar la jaula a los vecinos. Úrsula no le había prestado atención hasta entonces. Estaba disgustada porque su marido había descuidado el trabajo de la carpintería para dedicarse por entero a la jaula, y durante dos semanas había dormido mal, dando tumbos y hablando disparates, y no había vuelto a pensar en afeitarse. Pero el disgusto se disipó ante la jaula terminada. Cuando Baltazar se despertó de la siesta, ella le había planchado los pantalones y una camisa, los había puesto en un asiento junto a la hamaca, y había llevado la jaula a la mesa del comedor. La contemplaba en silencio.

—¿Cuánto vas a cobrar? —preguntó.

—No sé —contestó Baltazar—. Voy a pedir treinta pesos para ver si me dan veinte.

—Pide cincuenta —dijo Úrsula—. Te has trasnochado mucho en estos quince días. Además, es bien grande. Creo que es la jaula más grande que he visto en mi vida.

Baltazar empezó a afeitarse.

—¿Crees que me darán los cincuenta pesos?

—Eso no es nada para don Chepe Montiel, y la jaula los vale —dijo Úrsula—. Debías pedir sesenta.

La casa yacía en una penumbra sofocante. Era la primera semana de abril y el calor parecía menos soportable por el pito de las chicharras. Cuando acabó de vestirse, Baltazar abrió la puerta del patio para refrescar la casa, y un grupo de niños entró en el comedor.

La noticia se había extendido. El doctor Octavio Giraldo, un médico viejo, contento de la vida pero cansado de la profesión, pensaba en la jaula de Baltazar mientras almorzaba con su esposa inválida. En la terraza interior donde ponían la mesa en los días de calor, había muchas macetas con flores y dos jaulas con canarios.

A su esposa le gustaban los pájaros, y le gustaban tanto que odiaba a los gatos porque eran capaces de comérselos. Pensando en ella, el doctor Giraldo fue esa tarde a visitar a un enfermo, y al regreso pasó por la casa de Baltazar a conocer la jaula.

Había mucha gente en el comedor. Puesta en exhibición sobre la mesa, la enorme cúpula de alambre con tres pisos interiores, con pasadizos y compartimientos especiales para comer y dormir, y trapecios en el espacio reservado al recreo de los pájaros, parecía el modelo reducido de una gigantesca fábrica de hielo. El médico la examinó cuidadosamente, sin tocarla, pensando que en efecto aquella jaula era superior a su propio prestigio, y mucho más bella de lo que había soñado jamás su mujer.

—Esto es una aventura de la imaginación —dijo. Buscó a Baltazar en el grupo, y agregó, fijos en él sus ojos maternales—: Hubieras sido un extraordinario arquitecto.

Baltazar se ruborizó.

—Gracias —dijo.

—Es verdad —dijo el médico. Tenía una gordura lisa y tierna como la de una mujer que fue hermosa en su juventud, y unas manos delicadas. Su voz parecía la de un cura hablando en latín—. Ni siquiera será necesario ponerle pájaros —dijo, haciendo girar la jaula frente a los ojos del público, como si la estuviera vendiendo—. Bastará con colgarla entre los árboles para que cante sola —volvió a ponerla en la mesa, pensó un momento, mirando la jaula, y dijo:

—Bueno, pues me la llevo.

—Está vendida —dijo Úrsula.

—Es del hijo de don Chepe Montiel —dijo Baltazar—. La mandó hacer expresamente.

El médico asumió una actitud respetable.

—¿Te dio el modelo?

—No —dijo Baltazar—. Dijo que quería una jaula grande, como ésta, para una pareja de turpiales.

El médico miró la jaula.

—Pero ésta no es para turpiales.

—Claro que sí, doctor —dijo Baltazar, acercándose a la mesa. Los niños lo rodearon—. Las medidas están bien calculadas —dijo, señalando con el índice los diferentes compartimientos. Luego golpeó la cúpula con los nudillos, y la jaula se llenó de acordes profundos.

—Es el alambre más resistente que se puede encontrar, y cada juntura está soldada por dentro y por fuera —dijo.

—Sirve hasta para un loro —intervino uno de los niños.

—Así es —dijo Baltazar.

El médico movió la cabeza.

—Bueno, pero no te dio el modelo —dijo—. No te hizo ningún encargo preciso, aparte de que fuera una jaula grande para turpiales. ¿No es así?

—Así es —dijo Baltazar.

—Entonces no hay problema —dijo el médico—. Una cosa es una jaula grande para turpiales y otra cosa es esta jaula. No hay pruebas de que ésta sea la que te mandaron hacer.

—Es esta misma —dijo Baltazar, ofuscado—. Por eso la hice.

El médico hizo un gesto de impaciencia.

—Podrías hacer otra —dijo Úrsula, mirando a su marido. Y después hacia el médico—. Usted no tiene apuro.

—Se la prometí a mi mujer para esta tarde —dijo el médico.

—Lo siento mucho, doctor, pero no se puede vender una cosa que ya está vendida.

El médico se encogió de hombros. Secándose el sudor del cuello con un pañuelo, contempló la jaula en silencio, sin mover la mirada de un mismo punto indefinido, como se mira un barco que se va.

—¿Cuánto te dieron por ella?

Baltazar buscó a Úrsula sin responder.

—Sesenta pesos —dijo ella.

El médico siguió mirando la jaula.

—Es muy bonita —suspiró—. Sumamente bonita.

Luego, moviéndose hacia la puerta, empezó a abanicarse con energía, sonriente, y el recuerdo de aquel episodio desapareció para siempre de su memoria.

—Montiel es muy rico —dijo.

En verdad, José Montiel no era tan rico como parecía, pero había sido capaz de todo por llegar a serlo. A pocas cuadras de allí, en una casa atiborrada de arneses donde nunca se había sentido un olor que no se pudiera vender, permanecía indiferente a la novedad de la jaula. Su esposa, torturada por la obsesión de la muerte, cerró puertas y ventanas después del almuerzo y yació dos horas con los ojos abiertos en la penumbra del cuarto, mientras José Montiel hacía la siesta. Así la sorprendió un alboroto de muchas voces. Entonces abrió la puerta de la sala y vio un tumulto frente a la casa, y a Baltazar con la jaula en medio del tumulto, vestido de blanco y acabado de afeitar, con esa expresión de decoroso candor con que los pobres llegan a la casa de los ricos.

Baltazar no era un extraño en la casa de José Montiel. En distintas ocasiones, por su eficacia y buen cumplimiento había sido llamado para hacer trabajos de carpintería menor. Pero nunca se sintió bien entre los ricos. Solía pensar en ellos, en sus mujeres feas y conflictivas, en sus tremendas operaciones quirúrgicas, y experimentaba siempre un sentimiento de piedad. Cuando entraba en sus casas no podía moverse sin arrastrar los pies.

—¿Está Pepe? —preguntó.

Había puesto la jaula en la mesa del comedor.

—Está en la escuela —dijo la mujer de José Montiel—. Pero ya no debe demorar —y agregó: Montiel se está bañando.

En realidad José Montiel no había tenido tiempo de bañarse. Se estaba dando una urgente fricción de alcohol alcanforado para salir a ver lo que pasaba. Era un hombre tan prevenido, que dormía sin ventilador eléctrico para vigilar durante el sueño los rumores de la casa. José Montiel, corpulento y peludo, la toalla colgada en la nuca, se asomó por la ventana del dormitorio.

—¿Qué es eso?

—La jaula de Pepe —dijo Baltazar.

—¿De quién?

—De Pepe —confirmó Baltazar. Y después, dirigiéndose a José Montiel—: Pepe me la mandó a hacer.

Nada ocurrió en aquel instante, pero Baltazar se sintió como si le hubieran abierto la puerta del baño. José Montiel salió en calzoncillos del dormitorio.

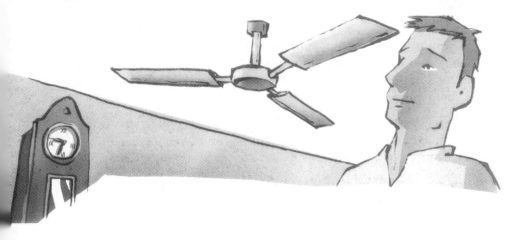

—Pepe —gritó.

—No ha llegado —murmuró su esposa, inmóvil.

Pepe apareció en el vano de la puerta. Tenía unos doce años y las mismas pestañas rizadas y el quieto patetismo de su madre.

—Ven acá —le dijo José Montiel—. ¿Tú mandaste a hacer esto?

El niño bajó la cabeza. Agarrándolo por el cabello, José Montiel lo obligó a mirarlo a los ojos.

—Contesta.

El niño se mordió los labios sin responder.

José Montiel soltó al niño y se volvió hacia Baltazar con una expresión exaltada.

—Lo siento mucho, Baltazar —dijo—. Pero has debido consultarlo conmigo antes de proceder.

Sólo a ti se te ocurre contratar con un menor —levantó la jaula sin mirarla y se la dio a Baltazar—. Llévatela enseguida y trata de vendérsela a quien puedas —dijo—. Sobre todo, te ruego que no me discutas. El médico me ha prohibido coger rabia.

El niño había permanecido inmóvil, sin parpadear, hasta que Baltazar lo miró perplejo con la jaula en la mano. Entonces emitió un sonido gutural, como el ronquido de un perro, y se lanzó al suelo dando gritos.

José Montiel lo miraba impasible, mientras la madre trataba de apaciguarlo. El niño chillaba sin lágrimas, mientras su madre lo sostenía por las muñecas.

Baltazar observó al niño como hubiera observado la agonía de un animal contagioso. Eran casi las cuatro. A esa hora, en su casa, Úrsula cantaba una canción muy antigua, mientras cortaba rebanadas de cebolla.

Baltazar se acercó al niño, sonriendo, y le tendió la jaula. El niño se incorporó de un salto, abrazó la jaula, que era casi tan grande como él, y se quedó mirando a Baltazar a través del tejido metálico, sin saber qué decir. No había derramado una lágrima.

—Quédate con ella —dijo Baltazar. Y luego, a José Montiel—: Al fin y al cabo, para eso la hice.

José Montiel lo persiguió hasta la sala.

—No seas tonto, Baltazar —decía, cerrándole el paso—. Llévate tu trasto para la casa y no hagas más tonterías. No pienso pagarte ni un centavo.

—No importa —dijo Baltazar—. La hice expresamente para regalársela a Pepe. No pensaba cobrar nada.

Cuando Baltazar se abrió paso entre los curiosos que bloqueaban la puerta, José Montiel daba gritos en el centro de la sala. Estaba muy pálido y sus ojos empezaban a enrojecer.

—Estúpido —gritaba—. Llévate tu cacharro. Lo último que faltaba es que un cualquiera venga a dar órdenes en mi casa. ¡Carajo!

En el salón de billar recibieron a Baltazar con una ovación. Hasta ese momento pensaba que había hecho una jaula mejor que las otras, que había tenido que regalársela al hijo de José Montiel para que no siguiera llorando, y que ninguna de esas cosas tenía nada de particular. Pero luego se dio cuenta de que todo eso tenía una cierta importancia para muchas personas, y se sintió un poco excitado.

—De manera que te dieron cincuenta pesos por la jaula.

—Sesenta —dijo Baltazar.

—Hay que hacer una raya en el cielo —dijo alguien—. Eres el único que ha logrado sacarle ese montón de plata a don Chepe Montiel. Esto hay que celebrarlo.

Le ofrecieron una cerveza, y Baltazar correspondió con una tanda para todos. Como era la primera vez que bebía, al anochecer estaba completamente borracho, y hablaba de un fabuloso proyecto de mil jaulas de a sesenta pesos, y después de un millón de jaulas hasta completar sesenta millones de pesos.

Úrsula lo había esperado hasta las ocho, con un plato de carne frita cubierto de rebanadas de cebolla. Alguien le dijo que su marido estaba en el salón de billar, loco de felicidad, brindando cerveza a todo el mundo, pero no lo creyó porque Baltazar no se había emborrachado jamás. Cuando se acostó, casi a la medianoche, Baltazar estaba en un salón iluminado, donde había mesitas de cuatro puestos con sillas alrededor, y una pista de baile al aire libre, por donde se paseaban los alcaravanes. Había gastado tanto, que tuvo que dejar el reloj como garantía, con el compromiso de pagar al día siguiente. Un momento después, despatarrado por la calle, se dio cuenta de que le estaban quitando los zapatos, pero no quiso abandonar el sueño más feliz de su vida. Las mujeres que pasaron para la misa de cinco no se atrevieron a mirarlo, creyendo que estaba muerto.

El cuento hispanoamericano.
México, Fondo de Cultura Económica, 1986.

LECTURA 8. LA PRODIGIOSA TARDE DE BALTAZAR, DE GABRIEL GARCÍA MÁRQUEZ

■ **EJERCICIOS PARA EL ESTUDIO DEL LÉXICO Y LA COMPRENSIÓN DEL TEXTO** ■

1

Haz una lista con las palabras que en el texto se relacionan con el campo temático: TRÓPICO.

2

Busca en el diccionario definiciones para las palabras siguientes:

tumulto, jaula, hamaca, canario, terraza, acorde, cúpula, loro, sudor, rebanada.

3

Relaciona los recuadros y forma parejas de sinónimos.

tumulto, capuchino, asustado, alerta, arduo, disparates, tumbos, disgusto, sofocante, inválida, recreo, gigantesca, tierna, expresamente, respetable

vueltas, enorme, fraile, intencionadamente, asfixiante, serio, gentío, delicada, temeroso, tonterías, difícil, enfado, paralítica, atento, descanso

4

Ahora, forma parejas de antónimos.

impaciencia, indefinido, capaz, alboroto, menor, conflictivas, piedad, prevenido, exaltada, impasible, borracho, despatarrado, muerto

mayor, asustado, vivo, sobrio, silencio, conmovido, desprevenido, tranquila, crueldad, sencillas, incapaz, paciencia, limitado

Escribe frases con los verbos siguientes en pretérito pluscuamperfecto:

afeitarse, almorzar, descuidar, planchar, contemplar, cobrar, trasnochar, yacer, examinar, atreverse.

Señala si son verdaderas o falsas las afirmaciones siguientes:

1. Baltazar tenía un contrato firmado para hacer una jaula.................... V F

2. El médico le quiere comprar la jaula.. V F

3. Baltazar no puede vendérsela porque la tiene ya vendida................. V F

4. Don Chepe Montiel le paga sesenta pesos por la jaula....................... V F

5. Baltazar invita a sus amigos con el dinero que le paga Montiel....... V F

6. Baltazar se hace rico construyendo jaulas... V F

7. Úrsula, su esposa, lo espera despierta toda la noche........................... V F

8. Baltazar regresa a su casa de madrugada.. V F

9. La gente lo felicita por haber hecho una jaula magnífica................... V F

Escribe las frases siguientes utilizando otras palabras:

1. Tienes que afeitarte, pareces un capuchino, y con esa barba no puedes presentarte en ninguna parte.

2. Cincuenta pesos no es nada para don Chepe Montiel, y la jaula los vale.

3. Baltazar no era un extraño en la casa de José Montiel.

4. Baltazar nunca se sintió bien entre los ricos.

5. Baltazar se sintió como si le hubieran abierto la puerta del baño.

6. Sólo a ti se te ocurre contratar con un menor.

7. ¡Lo último que me faltaba es que un cualquiera venga a dar órdenes en mi casa!

8. Había gastado tanto que tuvo que dejar el reloj como garantía.

9. Las mujeres no se atrevieron a mirarlo, creyendo que estaba muerto.

8

Sustituye las palabras subrayadas por otras equivalentes:

1. La contemplaba <u>en silencio</u>.

2. La examinó <u>cuidadosamente</u>.

3. Es el alambre <u>más resistente</u>.

4. Hizo un gesto <u>de impaciencia</u>.

5. Experimentaba siempre un sentimiento <u>de piedad</u>.

6. Se acercó al niño, <u>sonriendo</u>, y le tendió la jaula.

7. La hice <u>expresamente</u> para Pepe.

8. <u>Se sintió un poco excitado</u>.

9

Completa los espacios en blanco con las palabras del recuadro.

> *conflictivas, operaciones, candor, jaula, cuadras, atiborrada, novedad, alboroto, tumulto, extraño, carpintería, olor, indiferente, siesta, pobres, rico, piedad, torturada, obsesión, penumbra, eficacia*

En verdad, José Montiel no era tan .... como parecía, pero había sido capaz de todo por llegar a serlo. A pocas .... de allí, en una casa .... de arneses donde nunca se había sentido un .... que no se pudiera vender, permanecía .... a la .... de la jaula.

Su esposa, ... por la .... de la muerte, cerró puertas y ventanas después del almuerzo y yació dos horas con los ojos abiertos en la .... del cuarto, mientras José Montiel hacía la .... Así la sorprendió un .... de muchas voces. Abrió la puerta de la sala y vio un .... frente a la casa, y a Baltazar con la .... en medio del tumulto, vestido de blanco y acabado de afeitar, con esa expresión de decoroso .... con que los .... llegan a casa de los ricos. Baltazar no era un .... en la casa de José Montiel. En distintas ocasiones, por su .... y buen cumplimiento había sido llamado para hacer trabajos de .... menor. Pero nunca se sintió bien entre los ricos. Solía pensar en ellos, en sus mujeres feas y ...., en sus tremendas .... quirúrgicas, y experimentaba siempre un sentimiento de ....

Expresión oral y escrita

1. En este cuento, tiempo y espacio son dos elementos que marcan la intensidad del relato. Las acciones se suceden en un tiempo continuamente registrado por la voz narrativa. ¿Cuánto tiempo transcurre entre el comienzo del cuento y su final? ¿Por qué es importante tener esto en cuenta? ¿Qué nos dice de su autor?

2. Tiempo y espacio se unen para dar como resultado una determinada atmósfera: la que envuelve al pueblo tropical donde acontecen los hechos. ¿De qué estrategias narrativas se sirve el autor para trasladar al lector a este espacio tan característico? ¿Qué tipo de ambiente y de espacio geográfico percibe el lector a través del tiempo de la narración?

3. En el cuento se apuntan la paradoja y la sorpresa. ¿De qué manera? Habla de sus personajes y del contenido del relato. Escribe sobre lo paradójico del final del cuento.

4. Lo "real maravilloso" o "realismo mágico" es un recurso narrativo utilizado por algunos escritores latinoamericanos, entre ellos Gabriel García Márquez. Comenta dónde se plasma, en el cuento, este tipo de artificio narrativo que hace del relato algo extraordinario para los lectores ajenos al mundo latinoamericano.

5. El médico del cuento compara al carpintero con un arquitecto, y en otra ocasión el narrador compara la jaula con una fábrica gigantesca de hielo. ¿Cómo imaginas que es la jaula?

6. La colectividad y la comunidad son temas destacados en este relato. En el pequeño pueblo todos saben lo que pasa, y el asunto de la jaula hace que se forme un tumulto de gente en casa de Baltazar y, después, en la de Montiel. En tu opinión, ¿por qué es importante este motivo recurrente en el relato? Todo el mundo sabe de todos, todos ven a todos, todos celebran o critican lo de todos: ¿cuál es la intención del autor al insistir en este punto? ¿Cómo cambiaría este motivo de situarse la acción del relato en una gran ciudad?

JOSÉ MARTÍNEZ RUIZ (AZORÍN)

9 *El primer milagro*

José Martínez Ruiz (Azorín) (1873-1967). Alicantino, estudió leyes en Valencia y Madrid, y se abrió paso en el mundo del periodismo con gran éxito. La preocupación de su generación por la revalorización de España y de lo español lo llevó a viajar por el país sin cesar. Fue él quien afirmó la existencia de la Generación del 98. Sus obras se caracterizan por un esteticismo conciso y sobrio, el interés por el paisaje y la vida interior de sus personajes. Destacan *La voluntad* (1902), *Las confesiones de un pequeño filósofo* (1904) y *La ruta de don Quijote* (1905).

VOCABULARIO BÁSICO

milagro, tragaluz, destellos, labriegos, servidumbre, migajas, despensa, pastor, cabras, carneros, amo, establo, era, vergel, peregrino, liberalidad, estupefacción, despropósito

En Belén; año primero de la Era Cristiana.

La tarde va declinando: se filtran los postreros destellos de sol por el angosto ventanito del sótano. Todo está en silencio. Las manos del anciano van removiendo, como si fuera una blanca mesa, el montón de monedas de oro, relucientes, que está sobre la mesa. El anciano tiene una larga barba entrecana; los ojos aparecen hundidos. Los últimos fulgores del sol van desapareciendo, por el tragaluz ya sólo se escurre una débil y difusa claridad. Las monedas vuelven a la recia y sólida arca. El anciano cierra la puerta con un cerrojo, con dos, con una armella, con unas barras de hierro, y luego asciende, lento, por la angosta escalerita. Ya está en la casa. La casa se levanta en un extremo del pueblo; se halla rodeada de extenso vergel, y tiene, a un lado, una accesoria para labriegos y servidumbre. El anciano camina lentamente por la casa; su índice —el de la mano derecha— pasa y repasa sobre la curvada nariz. Al pasar por un corredor ha visto el viejo una puerta abierta; esta puerta ha mandado él que esté siempre cerrada. Se detiene un momento el viejo; da una voz de pronto; lo enardece la cólera; acude un criado; el viejo impropera al criado, se acerca a él, le grita en su propia cara. Tiembla el pobre servidor y prorrumpe en palabras de excusa. Y el viejecito de la barba larga prosigue su camino. De pronto se detiene otra vez; ha visto sobre un mueble unas migajas de pan. La cosa es insólita. No puede creer el anciano lo que ven sus ojos. Llegarán, por este camino, a dispersar, destruir su hacienda. Han estado aquí, sin duda, comiendo pan —pan salido indudablemente de la despensa—, y han dejado caer unas migajas. Y ahora su cólera es terrible. La casa se hunde a gritos; la mujer del viejo, los hijos, los criados, todos, todos le rodean suspensos, temblorosos, mohínos, tristes. Y el viejo prosigue con sus gritos, con sus denuestos, con sus improperios, con sus injurias.

La hora de cenar ha llegado. Antes ha conversado el anciano con los cachicanes que llegan todas las noches de las heredades cercanas. Todos han de darle cuenta —cuenta menudísima, detallada— de la jornada diaria. No puede acostarse ningún día el viejo sin que sepa concretamente en qué se ha gastado el más pequeño dinero y qué es lo que han hecho minuto por minuto todos sus servidores.

El pastor se ha retrasado un poco esta noche. El pastor regresa de los prados próximos al pueblo todas las noches, poco antes de sentarse a la mesa del anciano. El pastor apacienta una punta de cabras y un atillo de carneros. Cuando llega, después de la jornada, por la noche, encierra su ganado en una corraliza del huerto y se presenta al amo a darle cuenta de la jornada del día. El anciano, un poco impaciente, se ha sentado a la mesa. Le intrigaba la tardanza del pastor. La cosa es verdaderamente extraña. A un criado que tarda en traerle una vianda —retraso de un minuto—, el anciano le grita desaforadamente. El criado se desconcierta; un plato cae al suelo; la mujer y los hijos del viejo se muestran despavoridos; sin duda, ante esta catástrofe —la caída de un plato—, se va a venir abajo con el vociferar colérico, ira-

cundo, tempestuoso, del viejo. Y, en efecto, media hora dura la terrible cólera del anciano. El pastor aparece en la puerta; trae cara de quien va a ser ajusticiado; en mal momento va a dar cuenta de su misión del día.

—¿Ocurre alguna novedad? —pregunta el viejo al pastor.

El pastor tarda un instante en responder; con el sombrero en la mano, mira absorto, indeciso, al señor.

—Ocurrir, como ocurrir —dice al cabo—, no ocurre nada…

—Cuando tú hablas de ese modo es que ha ocurrido algo…

—Ocurrir, como ocurrir… —repite el pastor dando vueltas entre las manos al sombrero.

—¡Sois unos idiotas, mentecatos, estúpidos! ¿No sabéis hablar? ¿No tienes lengua? Habla, habla…

Y el pastor trémulo habla. No ocurre novedad. No ha sucedido nada durante el día. Los carneros y las cabras han pastado como siempre, en los prados de los alrededores. Los carneros y las cabras siguen perfectamente; han pastado bien; sí, han pastado como todos los días… El viejo se impacienta.

—¡Pero, idiota, acabarás de hablar! —grita colérico. Y el pastor dice, repite, torna a repetir que no ha ocurrido nada. No ha ocurrido nada; pero en el establo que se halla a la salida del pueblo, junto a la era (establo y era propiedad del señor), ha visto, cuando regresaba el pastor a casa, una cosa que no había visto antes. Ha visto que dentro del establo había gente.

El viejo, al escuchar estas palabras, da un salto. No puede contenerse; se levanta, se acerca al pastor y le grita:

—¿Gente en el establo? ¿En el establo que está junto a la era? Pero… ¿es que no se respeta ya la propiedad? ¿Es que os habéis propuesto arruinarme todos?

El establo son cuatro paredillas ruinosas; la puerta —de madera carcomida— puede abrirse con facilidad; una ventanita, abierta en la pared del fondo, da a la era. Ha entrado gente en el establo; se han instalado allí; pasarán allí la noche; tal vez estén viviendo desde hace días. Y todo esto en la propiedad, la sagrada propiedad del viejo. Y sin pedirle a él permiso. Ahora la tormenta de cólera es tan grande, más grande, más estruendosa que antes. El caso de ahora es terrible, no se ha visto nunca cosa semejante; nunca ha entrado nadie en una propiedad —casa o tierra— de este viejo señor. Y el viejo señor, ante hecho tan peregrino, decide ir él mismo a comprobar el desafuero, a remediarlo, a echar del establo a esos vagabundos.

—¿Qué gente era? —le pregunta al pastor.

—Pues eran…, pues un hombre y una mujer.

—¿Un hombre y una mujer? Pues ahora veréis.

Y el viejo de la larga barba ha cogido su sombrero, ha empuñado el bastón y se ha puesto en camino hacia la era próxima del pueblo.

La noche es clara, diáfana; brillan —como las moneditas de oro— las estrellitas en el cielo. La silueta del establo ante la blancura de la era se percibe a lo lejos, sobre el cielo de un azul oscuro. Ya va llegando el viejo a las paredillas ruinosas. La puerta está cerrada, el viejo se detiene un momento, y luego, despacito, se va acercando a la ventanita que da a la era. El anciano va a aplicar su cara a la ventana. Ya la mirada del anciano penetra en lo interior. Y de repente, el viejo lanza un grito, un grito que se esfuerza, un segundo después, por reprimir. La sorpresa ha paralizado los movimientos del anciano. Todo su cuerpo está clavado junto a la pared con sólida inmovilidad. La respiración del viejo es anhelosa. Jamás ha visto lo que ha visto ahora; no se aparta la mirada del viejo del interior del establo. Pasan los minutos, pasan las horas insensiblemente. El espectáculo es maravilloso, sorprendente. ¿Cuánto tiempo ha pasado ya? ¿Cómo medir el tiempo ante tan peregrino espectáculo? Tiene la sensación el anciano de que han pasado muchas horas, muchos días, muchos años... El tiempo no es nada al lado de esta maravilla única en la tierra.

Regresaba lentamente, absorto, meditativo, el viejo a su casa de la ciudad. Han tardado en abrirle la puerta y él no ha dicho nada. Con la cabeza baja, reconcentrado, iba andando por los corredores como un fantasma. Su mujer, que le ha recibido en una sala, al hacer un movimiento brusco ha derribado un mueble; han caído al suelo unas figuritas y se han roto. El anciano no ha dicho nada. La sorpresa ha paralizado a la esposa del caballero. El asombro ante la insólita mansedumbre del viejo ha sobrecogido a todos. El anciano, encerrado en un profundo mutismo, se ha sentado en un sillón. Sentado, ha dejado caer la cabeza sobre el pecho, ha estado meditando un largo rato. Le han llamado después —como se llama a un durmiente—, y él, con mansedumbre, cual un niño, se ha dejado llevar hasta la cama y ha consentido que lo fueran desnudando. Y a la mañana siguiente, el viejo ha continuado silencioso, absorto; la estupefacción es profunda en todos. De un monstruo se ha trocado en un niño el viejo señor. Todos miran, observan, examinan al anciano en silencio, recelosos, inquietos. No se deciden a interrogarle; él se obstina en su mutismo. Y la mujer, al cabo, con precauciones, dulcemente, interroga al anciano. El coloquio es largo, prolijo; y al cabo, tras el mudo porfiar de la mujer, el anciano revela su secreto. El asombro se pinta en la cara de la esposa.

—¡Tres reyes y un niño! —exclama sin poder contenerse.

Y el anciano le indica que calle, poniéndole el índice de través en la boca. Sí, sí; la mujer callará, pero pensará siempre lo que está pensando ahora. ¡Tres reyes en el establo y un niño! Evidentemente, durante su paseo nocturno debió de ocurrirle algo al anciano. Poco a poco se difunde por la casa la noticia de que la mujer del anciano conoce el secreto de éste; preguntan los hijos a la madre; la madre se resiste a hablar; al cabo, pegando la boca al oído de la hija, revela el secreto del padre. Y la exclamación no se hace esperar.

—¡Qué locura! ¡Pobre!

La servidumbre se entera de que los hijos conocen la causa del mutismo del señor; no se atreven, por lo pronto, a interrogar a los hijos; al cabo, una sirvienta anciana, que lleva en la casa más de treinta años, pregunta a la hija. Y la hija, poniendo sus labios a par del oído de la anciana, le dice unas palabras.

—¡Oh, qué locura! ¡Pobre, pobre señor! —exclama la vieja.

Poco a poco la noticia se ha ido difundiendo por toda la casa. Sí, el señor está loco; padece una singular locura; todos mueven a un lado y a otro la cabeza tristemente, compasivamente, cuando hablan del anciano. ¡Tres reyes y un niño en un establo! ¡Pobre señor!

Y el viejo de la larga barba, sin impaciencias, sin irritaciones, sin cóleras, va viendo, en profundo sosiego, cómo pasan los días. A la mansedumbre se junta en su persona la liberalidad. Da de su dinero a los pobres, a los necesitados; tiene para todos palabras dulces. Y todos en la casa, asombrados, recelosos, entristecidos —sí, entristecidos—, le miran con mirada larga y piadosa. El señor se ha vuelto loco: no puede ser de otra manera. ¡Tres reyes en un establo! La mujer, inquieta, va a buscar a un famoso doctor. Este doctor es un hombre muy sabio; conoce las propiedades de los simples, de las piedras y de las plantas. Cuando ha entrado el doctor en la casa, lo han conducido en presencia del viejo; ha dejado éste hacer al doctor; parecía un niño, un niño dócil y débil. El doctor lo ha examinado; lo interrogaba sobre su vida, sobre sus costumbres, sobre su alimentación. El anciano sonreía con dulzura. Y cuando le ha revelado su secreto al doctor, después de un prolijo interrogatorio, el doctor ha movido la cabeza, asintiendo, como se asiente, para no desazonarlo, a los despropósitos de un loco.

—Sí, sí —decía el doctor—. Sí, sí es posible. Sí, sí; tres reyes y un niño en un establo.

Y otra vez tornaba a mover la cabeza. Y cuando se ha despedido, en el zaguán, a la mujer del anciano, que le interrogaba ansiosamente, le ha dicho:

—Locura pacífica, sí; una locura pacífica. Nada de peligro; ningún cuidado. Loco, sí, pero pacífico. Ningún régimen especial. Esperemos...

Cuentos españoles. Antología. La Habana, Editorial Arte y Literatura, 1976.

▥ EJERCICIOS PARA EL ESTUDIO DEL LÉXICO Y LA COMPRENSIÓN DEL TEXTO ▥

1

Haz una lista con las palabras que en el texto se relacionan con el campo temático: FAMILIA.

2

Busca en el diccionario la definición de las palabras siguientes:

tragaluz, sótano, era, establo, despensa, hacienda, pastor, amo, mansedumbre, estupefacción.

3

Relaciona los recuadros y forma parejas de sinónimos.

> *postreros, angosto, relucientes, improperios, detallada, débil, despavoridos, estúpidos, absorto, mansedumbre, prolijo*

> *concentrado, mentecatos, estrecho, flojo, minuciosa, asustados, insultos, docilidad, brillantes, últimos, detallado*

4

Ahora, forma parejas de antónimos.

> *hundido, extenso, vergel, sagrada, semejante, diáfana, blancura, ruinosas, clavado, insólita, nocturno, servidor, dulzura, despropósito*

> *acierto, yermo, saliente, familiar, pequeño, profana, diferente, oscura, desclavado, amo, diurno, negrura, recientes, amargura*

Escribe frases con los siguientes verbos en presente de subjuntivo:

remover, temblar, retrasarse, apacentar, vociferar, instalarse, respetar, brillar, interrogar, porfiar, obstinarse.

Señala si son verdaderas o falsas las afirmaciones siguientes:

1. El anciano está perdiendo su dinero porque su familia lo gasta....... V F

2. El anciano trata bien a las gentes que están a su alrededor........... V F

3. Un pastor trabaja para el anciano... V F

4. El pastor le dice al anciano que ha ocurrido una novedad............. V F

5. El anciano se muestra iracundo ante la noticia del pastor............ V F

6. El anciano se dirige lentamente al establo................................... V F

7. Lo que ve en el establo lo sorprende gratamente.......................... V F

8. Después de la visita al establo se vuelve más colérico.................. V F

9. Ha visto un milagro en el establo... V F

10. El anciano se ha vuelto loco.. V F

Escribe con otras palabras las frases siguientes:

1. La tarde va declinando.

2. La casa se hunde a gritos.

3. ¿Ocurre alguna novedad?

4. La ventana en la pared da a la era.

5. ¿Cómo medir el tiempo ante tan peregrino espectáculo?

6. El asombro se pinta en la cara de la esposa.

7. A la mansedumbre, se junta en su persona la liberalidad.

8. El señor se ha vuelto loco.

9. No se ha visto nunca cosa semejante.

8

Completa los espacios en blanco con las palabras del recuadro.

establo, permiso, ruinosas, estruendosa, carcomida, propiedad, fondo, tormenta, era, tal vez, peregrino, vagabundos, sombrero, cólera, desafuero, facilidad, bastón, semejante, echar

El .... son cuatro paredes ....;
la puerta de madera .... puede abrirse con
.... Una ventanita, abierta en la pared del
...., da a la .... Ha entrado
gente en el establo; se han instalado allí; pasarán allí la noche;
.... estén viviendo desde hace días. Y todo esto en la
.... del viejo. Y sin pedirle a él ....
Ahora la .... de .... es más
.... que antes. El caso de ahora es terrible, no se ha
visto nunca cosa ....; nunca ha entrado nadie en una
propiedad —casa o tierra— de este viejo señor. Y el viejo señor, ante tan
.... hecho, decide ir él mismo a comprobar
el ...., a remediarlo, a .... del
establo a esos .... Y el viejo de la barba larga ha cogido su ...., ha empuñado el .... y
se ha puesto en camino hacia la era próxima del pueblo.

Expresión oral y escrita

1. El relato presenta a un personaje fuertemente estereotipado: el anciano avaro. Resume cómo se describe a este personaje.

2. En la literatura hay más de un personaje que nos recuerda al viejo avaro de este relato. ¿Puedes compararlo con otro personaje literario? ¿Cuál sería la antítesis de este personaje? Señala un personaje literario que lo represente.

3. La visión de los tres reyes y un niño en el establo se halla relacionada con el epígrafe "En Belén; año primero de la Era Cristiana". ¿Cómo se explica que esta visión afecte tanto al viejo avaro?

4. El título del relato evoca las tradiciones católicas y cristianas. Belén, el Niño en el establo y los tres Reyes son símbolos de la tradición religiosa occidental. ¿Existen estas tradiciones en tu cultura? ¿Qué significan para ti?

5. La noche del 5 de enero es muy importante en la tradición hispana. Es la Noche de Reyes y todos los niños la esperan con ansiedad. ¿Qué conoces de esta tradición popular?

6. El viejo avaro se ha trastornado y se ha vuelto loco. ¿Cómo vive este hecho su familia? En tu opinión, ¿es verosímil o inverosímil el relato? ¿Conoces o has oído un caso semejante? ¿Se puede volver alguien loco al ver algo sorprendente o extraordinario?

7. ¿Qué piensas de los "locos"? ¿Y de los manicomios, lugares donde se les recluye y se les aparta de la sociedad? ¿Crees que son necesarios estos lugares? Expresa tu opinión sobre este tema.

EMILIA PARDO BAZÁN

10 *El palacio de Artasar*

Emilia Pardo Bazán (1851-1921) nació en La Coruña y desde muy joven adquirió una sólida cultura literaria. En 1916 obtuvo la cátedra de Literaturas Románicas en la Universidad de Madrid; sin embargo, no consiguió ser admitida en la Real Academia Española. La condesa de Pardo Bazán introdujo el naturalismo francés en la literatura española y fue realmente prolífica en la creación literaria, destacando en la novela con obras como *Los pazos de Ulloa* (1886). Tiene además diferentes colecciones de cuentos, entre las que cabe citar *Cuentos de Marianeda* (1892), *Cuentos de amor* (1898) y *Cuentos trágicos* (1916).

VOCABULARIO BÁSICO

magos, establo, firmamento, Mesías, orbe, joyas, alfombras, bordados, mármol, ágata, muchedumbre, prevaricadores, columnas, alabastro, zafiro, rubí, cristal, esmeralda, alcázar, collar, brillantes

Después de Salomón, el rey más poderoso y opulento de la tierra fue sin duda Artasar, descendiente directo de uno de aquellos tres Magos que vinieron a postrarse en el establo y gruta de Betleém guiados por la luz de una estrella misteriosa, nueva, diferente de las demás, una estrella que abría en el azul del firmamento un surco diamantino.

Artasar conservaba, entre otras gloriosas de su estirpe, la tradición heredada de su antecesor de ir a adorar al Mesías, redentor del mundo; pero ya el bendecido recuerdo iba perdiéndose, y en el cielo turquí cada día se borraba más el rastro de la estrellita, así como su claridad celeste desaparecía en el descendiente de los Magos —que fueron doctos por su arte de adivinar y santos porque les infundió gracia el haber apoyado los labios sobre los tiernos piececillos del recién nacido Jesús.

Artasar se parecía al hijo de David en la magnificencia, en el ansia de rodearse de lo más precioso, raro y delicado, traído de los confines del orbe. Cada día, galeras cargadas de riqueza abordaban a los puertos del reino de Artasar, trayendo presentes y joyas al monarca.

Alfombras blandas como el vellón de la oveja; cortinajes de seda cuyos bordados representaban batallas y lances de amor; imágenes del mármol, de egregia desnudez; pebeteros de oro que embalsamaban el ambiente; jarrones y vasos de plata y ágata; pieles de tigre y plumas de avestruz, se amontonaban en la regia mansión, estrecha ya para contener tantos tesoros.

Mas ¿quién podría llenar el abismo de un corazón? Artasar el magnífico vivía inquieto y triste. Ansiaba construir otro palacio, por ser ya el suyo mezquino y estrecho para la innumerable muchedumbre de guardias, esclavos, concubinas, tañedores, juglares, bufones, palafreneros y cocineros que en él se albergaban. Y empezó a soñar con un palacio nunca visto, que eclipsase al que Salomón había edificado en trece años, sobre columnas de mármol y con el inmenso mar de bronce, cuyo borde imitaba pétalos de azucena.

El palacio debía ser tal, que inmortalizase el nombre y el recuerdo de Artasar por todos los siglos venideros y que la fantasía no pudiese

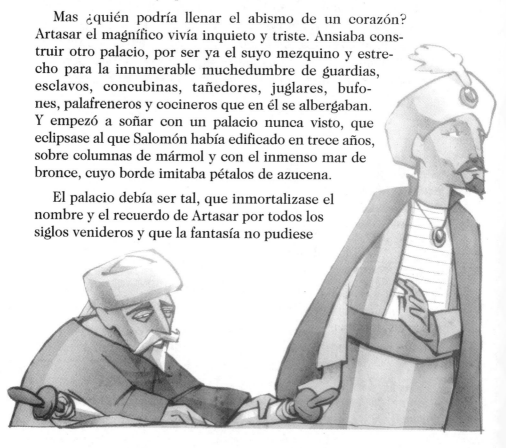

concebir nada tan espléndido ni tan delicioso. A este fin, Artasar, acordándose de aquel Hiram que trazó el palacio de Salomón, convocó a los más famosos arquitectos de su reino y de los vecinos y, ofreciéndoles grandes recompensas, ordenó que trazasen los planos de una residencia como él la quería, amplia, suntuosa, cincelada como una diadema real. Los arquitectos fueron presentando sus planos; pero en los ojos de Artasar no encontraron gracia. Ninguno de ellos realizaba la quimera de su imaginación; ninguno de ellos correspondía al ideal que se había formado de un palacio nunca visto, sin igual en el mundo.

Cuando ya Artasar desesperaba de conseguir que le adivinasen el loco deseo y acomodasen a él la realidad, he aquí que le pide audiencia un hombre, anciano, demacrado, de luenga barba, de humilde aspecto, que traía bajo el brazo un rollo de papel, afirmando que aquél era el proyecto del palacio que el rey aprobaría. No abonaban mucho las trazas al desconocido arquitecto; pero el deshauciado ensaya cualquier remedio, y Artasar permitió al anciano que desenrollase el papel. Apenas hubo el monarca fijado los ojos en el plano, batió palmas, saltando de júbilo.

Aquello era su sueño, interpretado por un mago, que leía en su mente. Aquellas soberbias columnatas, aquellos patios de majestuosas balaustradas, aquellas galerías de mármoles y ágatas preciosas, aquellos techos de cedro y oloroso pino, aquellas estancias cuyo bruñido pavimento tenía reflejos de agua, aquellos bosques, aquellas fuentes monumentales, aquellos miradores calados por mano de las hadas, aquellos pensiles colgados en el aire, aquellas torres que desafiaban las nubes… aquello era el ideal, lo que ningún rey del mundo poseía; y Artasar, al verlo, tendió la regia mano cubierta de anillos, larga y fina y morena como el fruto de la palmera y exclamó:

—Constrúyase el palacio como tú lo has proyectado, oh varón sapientísimo; yo te daré cuanto pidas, cuanto necesites. Para ti se abrirá mi tesoro secreto, y en los subterráneos de mi morada encontrarás oro, perlas, diamantes y rubíes en cantidad suficiente para edificar, no un palacio, una ciudad entera, con su caserío, sus templos y su recinto fortificado. Y dime, ¿dónde te ocultabas y por qué es tan miserable tu aspecto siendo tú un sabio tan grande?

—No soy sabio —respondió el viejo—. He vivido en el retiro, orando y haciendo penitencia.

—Desde hoy te conocerá el universo por el monumento que vas a erigir —declaró Artasar, que, en efecto, mandó poner a disposición del anciano sus riquezas y una inmensa extensión de territorio fértil, donde había selvas profundas y caudalosos ríos, llanuras risueñas y lagos apacibles.

Al cabo de un año, plazo fijado por el arquitecto para terminar el palacio, Artasar quiso ver las obras y se trasladó al lugar donde creía que ya se elevaba su nueva vivienda. Grande fue su sorpresa, fuerte su cólera, al no advertir por ninguna parte señales de jardines ni de palacio. Notó, eso sí, que aquel territorio, antes desierto, estaba pobladísimo, pues salían a aclamarle tribus enteras, niños y mujeres que aguardaban el paso del rey y lo bendecían; pero ni siquiera logró divisar piedras y materiales esparcidos por el suelo que anunciasen trabajos de edificación. Entonces Artasar, indignado, mandó que trajesen al arquitecto a su presencia, con el propósito de hacerle desollar y colgar su piel, sangrienta aún, a las puertas de la ciudad para escarmiento de prevaricadores. El viejo se presentó, tan humilde, tan demacrado, tan modesto como el primer día; y cuando el rey lo increpó dio esta respuesta extraña:

—El palacio que deseabas está construido, oh rey, y si quieres venir conmigo, tú solo, voy a mostrártelo enseguida.

Siguió Artasar lleno de curiosidad al anciano, y juntos se internaron en lo más intrincado y retirado de la floresta. Pronto salieron de la espesura, a las orillas de un inmenso lago natural, y allí el viejo se detuvo. El sol se ponía: el firmamento aparecía rojo, abrasado, resplandeciente. Y el arquitecto, tomando de la mano a Artasar, le dijo con voz grave:

—Los tesoros que me has confiado, oh rey, los he repartido entre los miserables, entre los que sufrían hambre y sed, entre los que oían llorar al niño recién nacido porque el seno de la angustiada madre no daba leche. Mas no por eso he dejado de alzarte el palacio que deseabas: y te lo alcé tan soberbio, tan admirable, que ningún monarca de la tierra podrá jactarse de tener uno así. Mira... ¿No lo ves? Ahí lo tienes. ¡En el cielo se levanta ahora tu palacio!

Y Artasar miró, y vio efectivamente de entre las nubes de grana surgir un maravilloso edificio. Sobre las columnas de plata, bronce y alabastro, se erguían las bóvedas de dorado cedro, esculpidas con artificio tan hábil, que parecían un piélago de olas de oro. Cúpulas de esmalte azul coronaban el alcázar, y largas galerías de diáfano cristal, con cornisas de pedrería y mosaico, se prolongaban hasta lo infinito, entre el misterio de una vegetación fantástica, de hojas de esmeralda y flores de vivo rubí y de oriental zafiro, cuyos cálices exhalaban una fragancia que embriagaba y calmaba los sentidos a la vez.

Y Artasar, transportado, se arrodilló a los pies del arquitecto y los besó, con el alma inundada de gozo.

Cuando regresaban de la selva, Artasar notó con sorpresa que el rastro casi extinguido de la estrella de los Magos fulguraba aquella noche como un collar de brillantes.

El libro de lo insólito. Antología.
México, Fondo de Cultura Económica, 1989.

EJERCICIOS PARA EL ESTUDIO DEL LÉXICO Y LA COMPRENSIÓN DEL TEXTO

Haz una lista con las palabras que en el texto se relacionan con el campo temático: EXOTISMO.

Busca en el diccionario definiciones para las palabras siguientes:

Reyes Magos, firmamento, abismo, pétalos, audiencia, quimera, pavimento, subterráneo, cólera.

Relaciona los recuadros y forma parejas de sinónimos.

poderoso, descendiente, misteriosa, diamantino, docto, magnificencia, ansia, raro, confines, riqueza, regia, espléndido, delicioso, famoso, bruñido, fortificado

fuerte, amurallado, opulencia, brillante, heredero, oculta, sabio, deseo, límites, extraño, copioso, real, grandeza, popular, exquisito, labrado

Ahora, forma parejas de antónimos.

egregia, inquieto, mezquino, estrecho, inmenso, luenga, esparcidos, suntuosa, intrincado, retirado, admirable, soberbio, oriental, inundada

occidental, despreciable, calmado, cercano, humilde, simple, sencilla, vacía, recogidos, corta, ancho, generoso, vulgar, diminuto

Señala si son verdaderas o falsas las siguientes afirmaciones:

1. Artasar era descendiente del rey Salomón.. ☐V ☐F
2. Era tan poderoso y magnífico como Salomón.. ☐V ☐F
3. En sus palacios no había riquezas, ni guardias, ni tesoros............... ☐V ☐F
4. Decidió edificar el palacio más maravilloso nunca visto.................. ☐V ☐F
5. Para edificarlo convocó a los arquitectos más famosos del reino..... ☐V ☐F
6. Un sabio anciano fue nombrado arquitecto real................................ ☐V ☐F
7. Artasar puso todos sus tesoros a disposición del anciano
   arquitecto.. ☐V ☐F
8. El anciano construyó un maravilloso palacio.. ☐V ☐F
9. Artasar comprendió la lección del anciano y se sintió feliz............. ☐V ☐F
10. El palacio ansiado por Artasar se transformó en ayuda a su
    pueblo... ☐V ☐F

Escribe frases con los verbos siguientes en pretérito imperfecto de subjuntivo:

bendecir, eclipsar, albergarse, imitar, inmortalizar, convocar, trazar, exhalar, arrodillarse.

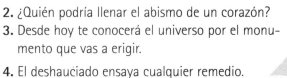

Escribe con otras palabras las frases siguientes:

1. El palacio debía ser tal que inmortalizase el nombre de Artasar por todos los siglos venideros.
2. ¿Quién podría llenar el abismo de un corazón?
3. Desde hoy te conocerá el universo por el monumento que vas a erigir.
4. El deshauciado ensaya cualquier remedio.
5. Al cabo de un año, Artasar quiso ver las obras y se trasladó al lugar deseado.

6. El sol se ponía: el firmamento aparecía rojo, resplandeciente.

7. Los cálices de las flores exhalaban una fragancia que embriagaba y calmaba los sentidos a la vez.

Sustituye los adjetivos de estas frases por oraciones que expresen un significado equivalente:

1. El rey más poderoso y opulento de la tierra.

2. Pieles de tigre y plumas de avestruz se amontonaban en la regia mansión, estrecha para contener tantos tesoros.

3. Artasar el magnífico vivía inquieto y triste.

4. El hombre desahuciado ensaya cualquier remedio.

5. El viejo se presentó tan humilde, tan demacrado, tan modesto como el primer día.

6. He aquí que le pide audiencia un hombre anciano, demacrado, de luenga barba, de humilde aspecto.

7. Salieron a las orillas de un inmenso lago natural.

8. Largas galerías de diáfano cristal se prolongaban hasta el infinito.

9. Artasar, transportado, se arrodilló a los pies del arquitecto y los besó.

Completa el texto con las palabras del recuadro.

> *innumerable, diadema, espléndido, cocineros, columnas, visto, ideal,*
> *magnífico, suntuosa, palacio, planos, juglares, fantasía, mezquino, esclavos,*
> *pétalos, arquitectos, quimera, recompensas*

Artasar el .... vivía inquieto y triste. Ansiaba construir

otro ...., por ser ya el suyo .... y

estrecho para la .... muchedumbre de guardias,

...., concubinas, tañedores, ...,

bufones, palafreneros y .... que en él se albergaban.

Empezó a soñar con un palacio nunca ...., sobre

.... de mármol y con el inmenso mar de bronce, cuyo

borde imitaba .... de rosa. El palacio debía ser tal que

inmortalizase el nombre y el recuerdo de Artasar por todos los siglos veni-

deros y que la .... no pudiese concebir nada tan

.... ni tan delicioso. A este fin, Artasar, acordándose de

aquel Hiram que trazó el palacio de Salomón, convocó a los más famosos

.... de su reino y de los vecinos y, ofreciéndoles

grandes ...., ordenó que trazasen los ....

de una residencia como él la quería, amplia, ..., cincela-

da como una .... real. Ninguno de los arquitectos rea-

lizaba la .... de su imaginación; ninguno de ellos

correspondía al .... que se había formado, de un pala-

cio nunca visto, sin igual en el mundo.

Expresión oral y escrita

1. En el cuento se evoca y enfatiza lo maravilloso y fantástico del mundo oriental. Los personajes y los lugares están descritos con un léxico que impresiona e impacta al lector. Comenta y escribe acerca del léxico utilizado por la escritora para destacar aspectos exóticos y maravillosos, tanto de los personajes como de los paisajes y objetos.

2. El mundo oriental, con su exotismo y su magnificencia, es el punto de donde parten muchos de los relatos y cuentos de la tradición occidental. ¿Conoces alguno de los cuentos emparentados con las dos tradiciones? Escríbelo.

3. En el cuento se habla de un anciano sabio que ejerce de filósofo y de arquitecto. ¿Cuál es la enseñanza que este anciano pretende transmitir al rey Artasar?

4. Muchos de los cuentos universales se inscriben dentro de la literatura ejemplar, aquella que se escribe con intenciones didácticas. La moraleja, lección que aparece al final, es parte indispensable de estos relatos. ¿Conoces algún cuento con moraleja o mensaje didáctico? Si es así, escríbelo.

5. Los reyes y poderosos, así como sus palacios y sus riquezas, son motivos recurrentes en los cuentos de todas las tradiciones. ¿Te has preguntado alguna vez por qué?

6. Como contrapunto de los reyes y poderosos, en los cuentos aparecen, también, las gentes miserables y desafortunadas. El bien y el mal, la riqueza y la pobreza, el palacio y el establo, etc., son dicotomías que se repiten en los cuentos fantásticos. Indica otras oposiciones de este tipo que se den en los cuentos: personajes, objetos, paisajes, animales, etc.

SOLUCIONES
A LOS EJERCICIOS

RUBÉN DARÍO

Acuarela

1

azucenas, floridas, cálices, jazmín, sol, caballos, parejas, enamorados, mujer, hojas, árboles, niñas, adolescentes, coches, sombreros, globo

2

Humanos: damas, cocheros, mujeres, adolescentes, niños, parejas de enamorados, hermanos y hermanas, enjambre (humano), nanas, grupos de caballeritos, niño. **Animales:** gorriones, caballos. **Vegetales:** azucenas, ramajes, jazmín, árboles de la alameda, álamos. **Otros objetos:** coches, carruajes, sombreros de copa, globo, palacios, etc.

3

floridas: floreadas; acariciadores: suaves; frescas: vivas; tupidos: espesos; claros: limpios; irreprochables: correctos; aceitoso: lustroso; abundantes: opulentas; risueño: alegre; fugitiva: huidiza.

4

pálidos: coloridos; sencilla: solemne; otoñal: primaveral; resplandecientes: opacas; vagos: intensos; fugaces: permanentes; lánguida: alegre; audaz: tímida; albo: moreno; inflado: desinflado.

5

1. $\boxed{V}$; 2. $\boxed{F}$; 3. $\boxed{V}$; 4. $\boxed{V}$; 5. $\boxed{F}$; 6. $\boxed{V}$; 7. $\boxed{F}$; 8. $\boxed{V}$; 9. $\boxed{V}$.

6

1. los reflejos de sol; 2. las pieles y los abrigos de invierno; 3. un enjambre de hombres; 4. los botones de metal; 5. pájaro de primavera; 6. una mano con guante; 7. un sombrero con adornos de colorines; 8. zapatos de charol.

7

Posibles respuestas

1. altivos; 2. callados; 3. que tocan suavemente; 4. orgullosas, rectas, con actitud regia; 5. de color que se asemeja al negro; malva; 6. de los que no puede decirse nada, que no merecen reproches; 7. rectos; frondosas; tembloroso; perdidas las fuerzas; huidiza; 8. cuidadas y bien vestidas, educadas; de color que se asemeja al blanco.

8

Posibles respuestas

1. abundantes y ricas; con irisaciones, con reflejos; 2. de color rosa; 3. puros; blancos; 4. cuidados o a

la moda; **5.** lleno de gas; del color de la sangre; **6.** amplio; **7.** extensas; de ese material.

9

cuadro, negrura, solares, caballos, arneses, heráldicos, cocheros, metálicos, carruajes, odaliscas, reinas, rubias, soñadores, cabelleras, rosadas, primaveral, bellezas, tentaciones

10

Respuesta libre.

JAVIER TOMEO

LECTURA 2

Braquicefalias

1

cabeza, occipital, piel, cara, nariz, cráneo, braquicéfalo, dolicocéfalo, ojos, brazo

2

cráneo: conjunto de huesos que encierra y protege el encéfalo.

peluca: objeto hecho con pelo natural o artificial que sirve para cubrir la cabeza; bisoñé.

diámetro: línea recta que une dos puntos opuestos de una figura circular pasando por su centro.

calabaza: fruto comestible de gran tamaño y forma redonda, de color amarillo o naranja, con muchas semillas en su interior; cabeza de una persona, especialmente si es grande.

melón: fruto comestible de tamaño grande y forma alargada con una corteza muy dura y rugosa y con una carne jugosa, blanca y dulce, con muchas semillas planas y alargadas en el centro; cabeza de una persona, especialmente si es grande.

agallas: órgano formado por capas de tejido blando y esponjoso que permite la respiración de ciertos animales que viven dentro del agua; valor o determinación, coraje, valentía.

lágrimas: gotas de líquido vertidas por los ojos.

aplanado: aplastado; áspero: raspo-so; grueso: gordo; odioso: despre-ciable; saliente: prominente; diverti-do: simpático; ridículos: risibles; ofensivos: insultantes; cabezón: tes-tarudo; superioridad: prepotencia; risa: carcajada; racista: xenófobo.

anterior: posterior; risibles: serias; rasposas: lisas; sobremanera: en absoluto; derecho: izquierdo; inicial: terminal; soltero: casado; calvo: peludo; firmemente: ligeramente; humildemente: ostentosamente.

Posibles respuestas

En 1998 Carlos se gozó del clima de Madrid. Mi amigo se mosqueó ano-che por cosas sin importancia. Ayer te comportaste con tu jefe como un niño. El director se puso ayer en guardia ante los problemas de sus empleados. Durante su viaje el rey se distinguió por su simpatía. Los más inteligentes también se equi-vocaron la semana pasada en el asunto que tenían que resolver.

Posibles respuestas

1. Le gusta molestar a los demás; **2.** Higinio se llama el hombre del que te hablo; **3.** Suena bastante bien; **4.** Me eché a reír; **5.** En ese momen-to empecé a molestarme; **6.** Eres un testarudo y actúas como tal; **7.** Funciono muy bien sexualmente; **8.** Me dispuse a encajar el ataque de mi contrincante; **9.** Higinio no tuvo valor como para responderme; **10.** Higinio sacó a relucir el asunto de una posible braquicefalia en mi persona.

1. F ; **2.** V ; **3.** V ; **4.** F ; **5.** F ;
6. V ; **7.** F ; **8.** F ; **9.** V ; **10.** F.

8

1. adjetiva de relativo. Higinio es un tipo fastidioso; **2.** condicional. Si yo fuera tú, no me sentiría feliz; **3.** inte-rrogativa, sustantiva. No podía opi-nar (manifestarme) sobre esa cues-tión; **4.** adjetiva de relativo. Soy un hombre poco inteligente; **5.** sustan-tiva. Verás su respuesta; **6.** compara-tiva. Prefiero tener la cabeza alarga-da y no redonda; **7.** condicional. Si tuviera pelo, sería negro.

9

braquicéfalo, cabeza, occipital, cal-vo, piel, cuestión, odioso, fastidiar, soltero, grupo, cráneo, diámetro, transversal, carcajada, peluca, dolico-céfalo, melón

10

Respuesta libre.

3 *Serpientes y escaleras*

1

parchís, serpientes y escaleras, par-kasé, cartas, pináculo, oca, damas chinas, monopolio, dominó, ajedrez, dados

2

juego: acto de divertirse haciendo una cosa; entretenimiento, diversión organizada según unas reglas.

azar: casualidad a la que se le atribuyen los hechos en los que no puede intervenir el hombre; fortuna.

serpiente: reptil sin pies, de cuerpo cilíndrico alargado, cabeza aplastada, boca grande, piel de distintos colores y de tamaño grande; culebra.

pirámide: cuerpo que tiene una base que no es redonda, y cuyas demás caras son triángulos que se juntan en un punto común.

pacto: acuerdo entre dos o más personas o grupos que obliga a cumplir una serie de condiciones.

pesquisa: acción que sirve para llegar a saber o a conocer una cosa; averiguación.

espía: persona que se dedica a conseguir información secreta, especialmente de un país extranjero.

clave: idea o información necesaria para comprender un misterio, una cosa difícil de explicar; quid.

matrimonio: unión legítima de un hombre y una mujer.

divorcio: separación legal de dos personas que estaban casadas.

amante: persona con quien otra tiene relaciones amorosas sin estar casada con ella; querido.

3

juego: entretenimiento; recorrido: trayecto; desvaídos: huidizos; amontonadas: mezcladas; error: equivocación; ocultos: escondidos; ocupaciones: tareas; grave: serio; empatadas: igualadas; duda: inseguridad; derrumbamiento: demolición; dulzura: ternura; cólera: ira.

4

reprimida: desinhibida; preconcebido: espontáneo; ignorancia: sabiduría; exacta: inexacta; pendientes: realizados; olvido: recuerdo; descuido: atención; pacto: desacuerdo; cúspide: base; vicio: virtud; obligatorio: voluntario; reñida: cordial.

123

jugar: jugador, juego; inventar: invención, inventor, inventiva, inventado; descubrir: descubrimiento, descubierto; confabularse: confabulador, confabulación, confabulado; engañar: engaño, engañoso, engañado, engañabobos; arrepentirse: arrepentimiento, arrepentido; divorciarse: divorcio, divorciado; aprender: aprendiz, aprendizaje, aprendido; hundir: hundimiento, hundido; chocar: choque, chocado.

1. $\boxed{V}$; 2. $\boxed{V}$; 3. $\boxed{V}$; 4. $\boxed{V}$; 5. $\boxed{F}$; 6. $\boxed{F}$; 7. $\boxed{F}$; 8. $\boxed{V}$; 9. $\boxed{V}$; 10. $\boxed{V}$.

7

Posibles respuestas

1. Ambarina empieza a saber cómo disimular; **2.** Tienen muchos deseos de saber cosas; **3.** El sábado que viene es el día definitivo; **4.** Están a punto de destapar el misterio; **5.** El pastel es lo mejor de la tarde; **6.** Se tenía que aceptar sin rechistar; **7.** Debes vigilar a tus padres como si estuvieras en mi lugar; **8.** He descubierto que son dos personas independientes y distintas.

8

1., 3., 5. y **6.** las construcciones formadas por *estar* o *ir* más gerundio expresan acciones en progreso; **2.** tiene valor de relativo (que golpean); **4.** tiene valor modal.

9

papel, espionaje, libreta, movimientos, salidas, horarios, recibidas, cabos, peinarse, culpas, huidizas, cólera, lista, cambios, comportamiento, crucecitas, observación, sistema, científico, ojeada, transcurso

10

Respuesta libre.

4 *Las raras*

1

muebles, cama, sofá, jardín, valla, televisión, puerta, ventana

2

rareza: cualidad de raro; acción u objeto poco común o frecuente.

naturalidad: sencillez, sinceridad; falta de orgullo o de fingimiento.

voluntad: capacidad de una persona para decidir con libertad; deseo o intención.

verja: pared hecha con barras de hierro que se usa para limitar un espacio abierto; reja.

algarabía: ruido que se forma al hablar o gritar varias personas a la vez; algazara.

bambú: planta de tallo alto, ligero y flexible, con hojas grandes de color verde claro (pl. bambúes).

níspero: fruto comestible de color amarillo o naranja, ovalado, blando y dulce cuando está maduro, con unas semillas grandes en su interior; árbol que produce ese fruto.

desierto: extensión de tierra no poblada porque hace mucho calor o mucho frío y no se pueden cultivar plantas ni criar animales; no habitado.

nudillos: parte exterior de la articulación de los dedos.

trigo: planta que produce una semilla de donde se saca la harina que se usa para hacer pan.

mobiliario: conjunto de muebles de una casa o de una habitación.

3

naturalidad: espontaneidad; increíble: asombroso; estrambóticas: raras; atolondrado: aturdido; valla: cerca; alborotador: ruidoso; apremio: rapidez; ideal: adecuado; intrigado: curioso; extranjero: forastero; ceñidos: ajustados; azorado: miedoso; divertida: alegre; esquelético: delgado.

4

temeroso: valiente; apropiado: inadecuado; ininteligible: comprensible; desprecio: aprecio; sombrío: claro; simpático: antipático; desnudo: vestido; penumbra: claridad; glotona: frugal; apretadas: sueltas; lelitas: espabiladas.

5

Posibles respuestas

Me dijeron que Carlos fantaseaba con las vacaciones. En el siglo XIX se inventaba el tren de vapor. Los alumnos observaban al profesor. Un niño chocaba todos los días con la bicicleta contra nuestra verja hasta que se rompió. La profesora se excusaba por haber llegado tarde. El niño interrogaba a su papá. Soñaba que despertaba de mi fantasía y me encontraba con la cruda realidad. Ayer bautizaban a mi hijo. A mí, de niño, me agradaban las flores, ¿le agradaban a tu madre de niña?

6

1. $\boxed{V}$; 2. $\boxed{F}$; 3. $\boxed{F}$; 4. $\boxed{V}$; 5. $\boxed{F}$; 6. $\boxed{F}$; 7. $\boxed{F}$; 8. $\boxed{F}$; 9. $\boxed{V}$; 10. $\boxed{V}$.

7

Posibles respuestas

1. Al final confesé mi secreto; 2. Mi tía pronunciaba con énfasis la palabra; 3. Yo me estaba poniendo nervioso; 4. No le presto atención; 5. LAS RARAS comenzaron a emitir sonidos extraños; 6. Isabel no hizo caso de mis señas en contra; 7. Vi a un perro gris acurrucado en el rincón; 8. Oí su voz fuerte y desagradable; 9. Ellas no se reconocieron en nuestra conversación.

8

raras, bastante, escondite, treinta, cerca, lado, valla, matorrales, temeroso, clavado, césped, desconocido, observado, lacio, hombros, brazos, cuerpo, delgados, cañas, bambú, apuro, apropiado

9

Respuesta libre.

5 *Los chicos*

1

puñetazos, puños, pavor, miedo, golpes, sangre, herida, latigazos

2

penal: edificio o local en que la autoridad encierra a los que han obrado contra la ley.

preso: persona que está encerrada o recluida en una cárcel; cautivo, recluso, presidiario.

jornal: cantidad de dinero que se paga por cada día de trabajo; paga, salario.

chabola: casa construida con materiales de poco valor.

terraplén: inclinación del terreno; talud.

tropel: conjunto de personas, animales o cosas que se mueven de forma rápida, ruidosa y desordenada.

gazapo: cría del conejo; errata, error.

jadeo: respiración rápida debida al esfuerzo.

cigarras: insectos de color verde oscuro, con cabeza gruesa, ojos salientes y cuatro alas transparentes que producen un sonido estridente.

empalizada: valla hecha con palos de madera clavados en el suelo y que sirve como defensa para impedir el paso; barrera.

vergüenza: sentimiento que aparece cuando se comete una falta o cuando se teme hacer el ridículo.

3

achicharrada: calurosa; desportillada: rota; harapientos: andrajosos; malvados: malos; macizas: duras; adosadas: pegadas; fanfarrón: altanero; audaz: atrevido; torcida: chueca; particular: peculiar; pavor: miedo; pesado: fuerte; humillante: degradante.

4

oscuros: claros; descalzos: calzados, callosos: lisos; seco: mojado; entrecortado: directo; desconocido: conocido; distintos: semejantes; chabolas: palacios; presos: libres; robusto: débil; audaz: miedoso; cobarde: fanfarrón; salientes: entrantes.

5

Posibles respuestas

1. vestidos con harapos; **2.** sin zapatos y con callos en los pies; **3.** pegadas; **4.** que pesaban (como mazas); **5.** con desesperación; **6.** con dulzura, refrescante, que mostraba indiferencia; **7.** hacia afuera.

6

1. F; 2. V; 3. V; 4. V; 5. F;
6. V; 7. F; 8. V; 9. F.

7

Posibles respuestas

1. Aunque eran pocos a nosotros nos parecían muchos; **2.** Ellos significaban algo horrible para nosotros; **3.** Los chicos salieron corriendo como conejillos hacia sus casas; **4.** Todo era silencio, incluso las ci-garras se habían callado; **5.** Estaba tan asustada que no podía moverme; **6.** Estaba chorreando sangre por todo el cuerpo; **7.** Pensé que no era más que un niño como los demás; **8.** Cuando llegaban parecían caballos al galope; **9.** Nosotros los aguardábamos escondidos, muertos de miedo.

8

mayor, robusto, bachillerato, verano, vacaciones, juegos, puños, pesados, mazas, respeto, audaz, fanfarrón, sorpresa, desesperado, rojizo, espeso, jadeo, golpes, fragor, dulce, indiferente

9

Respuesta libre.

BEATRIZ ÁLVAREZ KLEIN

LECTURA 6 *Lugares sombríos*

1

sombríos, sombra, horrible, terrible, pesadumbre, abismo, aberrante, aprensión, recelo, horror

2

rendija: hueco estrecho y alargado en una superficie o que queda entre dos cuerpos.

pesadumbre: sentimiento de tristeza o disgusto.

suplemento: complemento; lo que falta por añadir.

brocado: tejido de seda con hilo de oro o de plata.

púrpura: de color rojo fuerte, casi morado; tela de lujo, generalmente de lana, de ese color, usada por los reyes y las personas de cargos importantes.

lienzo: tela preparada para pintar sobre ella; tela de lino, cáñamo o algodón.

retrato: representación mediante una imagen o figura; imagen fotográfica.

tropezón: golpe que se da con los pies contra un obstáculo cuando se anda y que puede hacer caer.

asedio: conjunto de operaciones desarrolladas por un ejército alrededor de una posición enemiga para tomarla por la fuerza; ataque o molestia insistente.

asfalto: sustancia densa y pegajosa de color oscuro y olor fuerte que, mezclada con arena o grava, se usa para cubrir superficies.

busto: parte del cuerpo humano que comprende la cabeza y la parte superior del tronco; pecho de la mujer.

sombríos: oscuros; pesadumbre: tristeza; terrible: horrible; pesados: molestos; desconocido: incomprensible; entrecortadas: balbuceantes; legible: descifrable; intenso: profundo; aliviada: descansada; vaga: ligera; indescriptibles: inimaginables; brillante: resplandeciente.

especial: ordinario; curvas: rectas; original: plagio; fijamente: superfi-cialmente; incómodo: cómodo; ansioso: tranquilo; exaltado: calmado; luminoso: sombrío; ominosa: ligera; infinito: finito; común: peculiar; aberrante: natural; implacable: magnánimo.

Posibles respuestas

1. aparentemente inútiles; **2.** silenciosamente; **3.** recelosamente; **4.** pesadamente; **5.** brillaba insólitamente; **6.** instantáneamente; **7.** Inevitablemente tengo que salir; **8.** implacablemente; **9.** Únicamente.

6

Posibles respuestas

1. Tengo que contarle algo al respecto; **2.** Cierto temor me empujó a ir más deprisa; **3.** Esté todo el tiempo que quiera, pero al irse no se olvide de cerrar la puerta; **4.** Se escuchaba el rumor de las hojas bajo mis pies; **5.** No podía moverme; **6.** Completamente horrorizada, me di la vuelta; **7.** Me metí entre los árboles, mirando al suelo; **8.** Estaba tan oscuro que me dejé guiar por mis manos.

7

1. $\boxed{V}$; 2. $\boxed{F}$; 3. $\boxed{V}$; 4. $\boxed{V}$; 5. $\boxed{V}$;
6. $\boxed{V}$; 7. $\boxed{V}$; 8. $\boxed{V}$; 9. $\boxed{V}$; 10. $\boxed{F}$.

cuadro, busto, chimenea, mármol, obsidiana, superficie, rostro, saltones, repugnancia, encorvada, regazo, porcelana, insólito, vapor, cara, presentimiento, retrato, vano, sombra, paralizada, bosque

Respuesta libre.

AUGUSTO MONTERROSO

LECTURA 7

Míster Taylor

aborigen, nativo, amazónico, indígena, selva, cazador, tribu, brujos, guerreros, gringo, continental, nacional, progreso, civilización

cazador: que busca o persigue animales para cogerlos o matarlos.

indígenas: personas o pueblos que tienen su origen en la zona en la que viven.

tribu: conjunto de familias que comparten un origen, una lengua, unas costumbres o una religión, y que obedecen a un jefe.

gringo: persona nacida en los Estados Unidos de América.

juristas: personas que se dedican a estudiar o a ejercer el derecho.

legisladores: que legislan o pueden legislar, es decir, hacer o establecer leyes.

concesión: acción y resultado de dar y conceder; explotación o servicio concedido por la administración a un particular o una empresa.

patria: lugar, tierra o país en el que se ha nacido o que se elige como propio y al cual se pertenece por razones sentimentales, históricas o legales.

democracia: sistema político en el que el pueblo elige libremente a quienes lo gobiernan.

coleccionista: persona que reúne cosas de la misma clase por pasatiempo o gusto.

3

maléfico: malvado; rara: extravagante; humilde: modesto; extranjero: forastero; singular: peculiar; intrépido: atrevido; nativo: aborigen; felino: gatuno; excitante: enervante; exaltado: nervioso; subsidiarias: asociadas; auge: apogeo; melancolía: nostalgia; lindas: bonitas; solícito: atento; designado: nombrado; esfuerzo: trabajo; progreso: prosperidad.

4

mísero: opulento; exportar: importar; barbado: imberbe; previa: posterior; rigurosa: benevolente; doliente: sano; individual: colectivo; único: vulgar; fúnebre: alegre; grato: ingrato; rapidez: lentitud; espinoso: liso; laureado: vapuleado; optimista: pesimista; desesperado: calmado.

5

1. con decisión; 2. con intrepidez; 3. con alguna indisposición; 4. con agradecimiento; 5. con gusto; 6. Con posterioridad; 7. con pena; 8. A diario.

6

1. F ; 2. F ; 3. V ; 4. V ; 5. F ; 6. V ; 7. V ; 8. V ; 9. V .

7

Posibles respuestas

1. Era muy pobre, se había gastado todo el dinero; 2. En poco tiempo se hizo familiar para los nativos; 3. Era muy culto y meditaba mucho; 4. El hogar que no incluía una de esas cabezas no era un hogar próspero; 5. De pronto, se encontraron con que el número de cabezas empezó a disminuir; 6. En poco tiempo los cañones acabaron con la vida de toda una tribu; 7. A pesar de todo, y con problemas, el negocio salía adelante; 8. No le preocupaba ser millonario mientras no tratara mal a los pobres; 9. Los caminos cambiaron de aspecto y se tornaron tristes.

8

hogar, fracasado, coleccionistas, contradicciones, gusto, distinguido, elegantes, excepción, particularidad, vulgar, condecorado, millones, desenvolvimiento, excitante, hispanoamericanos, tribu, veredita, miembros, plumas, bicicletas

9

Respuesta libre.

GABRIEL GARCÍA MÁRQUEZ

LECTURA

8 *La prodigiosa tarde de Baltazar*

hamaca, sofocante, calor, ventilador, sudor, alcaravanes, loro, canarios, turpiales

2

tumulto: agitación desordenada y ruidosa de un conjunto grande de personas; desorden o agitación.

jaula: caja hecha con barras de madera o de metal separadas entre sí, que sirve para encerrar animales.

hamaca: pieza de red o de tela resistente que se cuelga por los extremos y que sirve para echarse en ella.

canario: pájaro doméstico, de color amarillo, verdoso o casi blanco, muy apreciado por su canto.

terraza: espacio exterior y elevado que sobresale en la fachada de un edificio, al que se llega desde el interior de una vivienda y que está limitado por una barandilla o por un muro.

acorde: combinación ordenada de tres o más sonidos que suenan a la vez en forma de arpegio; que es adecuado, que está conforme o de acuerdo.

cúpula: techo con forma de media esfera que cubre un edificio.

loro: ave procedente de América con el pico fuerte, grueso y curvo, y plumaje de vistosos colores, que es capaz de repetir sonidos propios del lenguaje humano.

sudor: líquido transparente que se expulsa por la piel.

rebanada: trozo delgado y largo que se corta de un alimento sólido.

3

tumulto: gentío; capuchino: fraile; asustado: temeroso; alerta: atento; arduo: difícil; disparates: tonterías; tumbos: vueltas; disgusto: enfado; sofocante: asfixiante; inválida: paralítica; recreo: descanso; gigantesca: enorme; tierna: delicada; expresamente: intencionadamente; respetable: serio.

4

impaciencia: paciencia; indefinido: limitado; capaz: incapaz; alboroto: silencio; menor: mayor; conflictivas: sencillas; piedad: crueldad; prevenido: desprevenido; exaltada: tranquila; impasible: conmovido; borracho: sobrio; despatarrado: asustado; muerto: vivo.

Posibles respuestas

Baltazar se había afeitado antes de visitar a Montiel. Él había almorzado con su esposa. No había descuidado ningún detalle de la jaula antes de ir a entregarla. La esposa le había planchado los pantalones. La gente había contemplado la jaula antes de que la llevara a su dueño. Baltazar dijo que había cobrado sesenta pesos. Baltazar había trasnochado mucho aquellos días. Nunca antes había yacido borracho en la calle. Las gentes habían examinado sus ropas antes de ir a misa. Nadie se había atrevido a hablar con la mujer de Baltazar.

6

1. $\boxed{F}$; 2. $\boxed{V}$; 3. $\boxed{V}$; 4. $\boxed{F}$; 5. $\boxed{F}$; 6. $\boxed{F}$; 7. $\boxed{F}$; 8. $\boxed{F}$; 9. $\boxed{V}$.

7

Posibles respuestas

1. Llevas tantos días sin afeitarte que pareces un fraile y estás impre-

sentable; **2.** La jaula vale ese dinero, una cantidad que no representa gran cosa para Montiel; **3.** A Baltazar lo conocían en casa de Montiel; **4.** Baltazar se sentía incómodo entre los ricos; **5.** Baltazar se sintió molesto; **6.** A nadie más que a ti se le ocurre llegar a un trato con un niño; **7.** No quiero que nadie extraño venga a darme órdenes y en mi propia casa; **8.** Para pagar lo que había gastado dejó su reloj en prenda; **9.** Las mujeres pensaron que estaba sin vida y no osaron mirarlo.

8

Posibles respuestas

1. silenciosamente; **2.** con cuidado; **3.** con más resistencia; **4.** impaciente; **5.** piadoso; **6.** con una sonrisa; **7.** adrede; **8.** Sintió cierta excitación.

9

rico, cuadras, atiborrada, olor, indiferente, novedad, torturada, obsesión, penumbra, siesta, alboroto, tumulto, jaula, candor, pobres, extraño, eficacia, carpintería, conflictivas, operaciones, piedad

10

Respuesta libre.

JOSÉ MARTÍNEZ RUIZ (AZORÍN)

LECTURA 9 *El primer milagro*

1

anciano, criados, niño, mujer, hijos, señor, amo, viejo, esposa

2

tragaluz: ventana abierta en el techo o en la parte alta de las paredes; claraboya.

sótano: piso de un edificio que está bajo el nivel del suelo de la calle.

era: terreno descubierto, de superficie llana y a veces cubierta con piedras, donde se trilla el cereal; periodo en que se divide la historia del hombre o de una sociedad.

establo: lugar cubierto en el que se encierra el ganado.

despensa: habitación que se usa para guardar alimentos.

hacienda: casa de campo con ganado y con tierras alrededor dedicadas a la agricultura.

pastor: persona que se dedica a cuidar ganado.

amo: persona que tiene la propiedad o es dueña de una cosa.

mansedumbre: cualidad de manso, bueno y tranquilo.

estupefacción: admiración, sorpresa grande.

3

postreros: últimos; angosto: estrecho; relucientes: brillantes; improperios: insultos; detallada: minuciosa; débil: flojo; despavoridos: asustados; estúpidos: mentecatos; absorto: concentrado; mansedumbre: docilidad; prolijo: detallado.

4

hundido: saliente; extenso: pequeño; vergel: yermo; sagrada: profana; semejante: diferente; diáfana: oscura; blancura: negrura; ruinosas: recientes; clavado: desclavado; insólita: familiar; nocturno: diurno; servidor: amo; dulzura: amargura; despropósito: acierto.

5

Posibles respuestas

El anciano quiere que la gente remueva la tierra de los campos. No les gusta a sus hijos que el anciano tiemble. Al anciano le molesta que el pastor se retrase. El anciano desea que el pastor apaciente las ovejas. A la mujer no le gusta que su esposo vocifere. El viejo no quiere que nadie se instale en sus campos. El viejo prefiere que la gente respete sus propiedades. Es posible que las estrellas brillen en el cielo. Es necesario que el viejo interrogue a los criados. Es imprescindible que la familia le porfíe al viejo para que no salga de casa. Es lógico que la familia se obstine en buscar un médico.

6

1. F ; 2. F ; 3. V ; 4. V ; 5. V ;
6. F ; 7. V ; 8. F ; 9. V ; 10. V .

7

Posibles respuestas

1. Cae la tarde; 2. Hay mucho ruido en la casa; 3. ¿Hay algo nuevo?;
4. Desde la ventana se ve la era; 5. El tiempo no corre ante algo tan espectacular; 6. La esposa está muy sorprendida; 7. Se vuelve manso y generoso; 8. El señor ha perdido la cabeza; 9. Es lo más extraordinario nunca visto.

8

establo, ruinosas, carcomida, facilidad, fondo, era, tal vez, propiedad, permiso, tormenta, cólera, estruendosa, semejante, peregrino, desafuero, echar, vagabundos, sombrero, bastón

9

Respuesta libre.

EMILIA PARDO BAZÁN

LECTURA 10 — *El palacio de Artasar*

1

oriental, palacio, mármol, joyas, bufones, palefreneros, riquezas, tesoros, zafiro, rubí, oro, cristal

2

Reyes Magos: los tres que fueron a adorar a Jesucristo conducidos por una estrella, según el cristianismo.

firmamento: parte del cielo donde parece que están las estrellas.

abismo: lugar muy profundo; lugar al que van las almas que mueren en pecado, según la religión cristiana.

pétalos: hojas de colores que forman la flor y protegen sus órganos de reproducción.

audiencia: conjunto de personas que están presentes en un espectáculo público; tribunal de justicia que trata las causas de un territorio determinado.

quimera: imagen o idea falsa; sueño imposible.

pavimento: superficie artificial que se pone sobre el suelo para que esté firme y llano.

subterráneo: que está bajo tierra.

cólera: enfado muy grande y violento; enfermedad infecciosa, aguda y muy grave que produce vómitos y diarrea y que se contagia a través de aguas contaminadas.

3

poderoso: fuerte; descendiente: heredero; misteriosa: oculta; diamantino: brillante; docto: sabio; magnificencia: grandeza; ansia: deseo; raro: extraño; confines: límites; riqueza: opulencia; regia: real; espléndido: copioso; delicioso: exquisito; famoso: popular; bruñido: labrado; fortificado: amurallado.

4

egregia: vulgar; inquieto: calmado; mezquino: generoso; estrecho: ancho; inmenso: diminuto; luenga: corta; esparcidos: recogidos; suntuosa: sencilla; intrincado: simple; retirado: cercano; admirable: despreciable; soberbio: humilde; oriental: occidental; inundada: vacía.

5

1. [V]; 2. [V]; 3. [F]; 4. [V]; 5. [V]; 6. [V]; 7. [V]; 8. [F]; 9. [V]; 10. [V].

6

Posibles respuestas

Artasar decidió que el anciano bendijera su proyecto. Artasar

136

necesitaba que su palacio eclipsara el resto de palacios. El sabio deseaba que el palacio albergara a los pobres. El sabio deseaba que el rey imitara a sus antepasados. El rey pretendía que el sabio inmortalizara su nombre. El rey pidió que se convocara a todos los arquitectos del reino. El rey ordenó al arquitecto que le trazara unos planos. El sabio quería que el rey exhalara exclamaciones de asombro. Las gentes necesitaban que el rey se arrodillara ante Dios.

Posibles respuestas

1. El palacio había de ser tan maravilloso que el nombre de su dueño pasara a la historia; **2.** Nada ni nadie podía remediar la tristeza y el vacío de su espíritu; **3.** Serás conocido en todo el orbe por tu trabajo; **4.** El condenado lo intenta todo antes de morir; **5.** Pasado un año, el rey quiso ir a comprobar cómo iba la edificación; **6.** Caía la tarde y el cielo estaba rojo y brillante; **7.** Las flores despedían perfumes deliciosos.

Posibles respuestas

1. El rey que más poder y riqueza tenía en la tierra. **2.** Pieles de tigre y plumas de avestruz se amontonaban en la mansión que era del rey y que era pequeña para contener tantos tesoros. **3.** Artasar el magnífico vivía de modo que la inquietud y la tristeza llenaban su vida. **4.** El hombre al que no le queda ni un resquicio de esperanza ensaya cualquier remedio. **5.** El viejo se presentó de manera tal que su humildad, su depauperamiento y su modestia eran tan evidentes como el primer día. **6.** He aquí que le pide audiencia un hombre que tenía mucha edad, que no tenía buen aspecto y sí una barba que le caía sobre el pecho, y que mostraba un aspecto de extrema humildad. **7.** Salieron a las orillas de un lago natural que era muy grande. **8.** Galerías que medían muchos kilómetros, hechas con cristales que permitían el paso de la luz, se prolongaban hasta el infinito. **9.** Artasar, que se sentía transportado, se arrodilló a los pies del arquitecto y los besó.

magnífico, palacio, mezquino, innumerable, esclavos, juglares, cocineros, visto, columnas, pétalos, fantasía, espléndido, arquitectos, recompensas, planos, suntuosa, diadema, quimera, ideal

Respuesta libre.

VOCABULARIO

VOCABULARIO

aberrante	apogeo	cabra	cristal
aborigen	apremio	calabaza	crucecitas
absorto	apretadas	callosos	culpas
abundantes	apropiado	calmado	curiosidad
acariciadores	apurado	calvo	curvas
aceitoso	apuro	cañas	cúspide
achicharrada	arduo	capaz	chabolas
adecuado	asociadas	capuchino	damas
admirable	asombrado	carcajada	débil
adormiladas	áspero	cauce	delgados
adosadas	asustado	ceñidos	delicioso
agallas	atento	cerca	derecho
ágata	atolondrado	césped	derrumbamiento
ágilmente	atrevido	cesto	desamparado
ajedrez	audaz	cigarras	descalzos
ajustados	auge	claros	descendiente
alabastro	azar	clavado	desconcierto
albo	azorado	clave	desconocido
alborotador	bambú	cobarde	descuido
alboroto	barbado	cohibidos	desesperado
alcancía	barro	colectivo	designado
alcázar	bastante	cólera	deslucidos
alerta	benevolente	columnas	desnudo
alfombras	blancura	collar	despacio
amante	bonitas	comadre	despatarrado
amistoso	bordados	compadre	despavoridos
amontonadas	borracho	complaciente	despiertas
angosto	braquicefalia	comportamiento	desportillada
angustiada	brazos	común	desprecio
ansia	brillantes	confines	despropósito
ansioso	bruñido	conflictivas	desvaídos
anterior	cabezón	cordero	detallada
aplanado	cabos	cráneo	diáfana

diamantino	espontaneidad	grave	intrépido
diámetro	esquelético	grueso	intrigado
digestivo	establo	harapientos	intrincado
disgusto	estrambóticas	hermoso	inundada
disparates	estrecho	hombros	inválida
distintos	estúpidos	horarios	irreprochables
divorcio	exacta	horrible	irreversible
docto	exaltada	huidizas	jadeo
dolicocéfalo	excitante	humilde	jornal
doliente	exportar	humildemente	joyas
dominó	expresamente	humillante	juntas
duda	extenso	hundido	lacio
dulzura	extravagante	ideal	lágrimas
egregia	famoso	ignorancia	lánguida
empalizada	fanfarrón	imberbe	laureado
empatadas	felino	impaciencia	lentitud
encargo	fijamente	impasible	libreta
enervante	firmamento	implacable	lindas
engaño	firmemente	importar	liso
enorme	flaco	improperios	lucidos
entrecortado	floridas	incómodo	luenga
error	forastero	increíble	luminoso
escaleras	fortificado	indefinido	macizas
escondite	frescas	indigesto	magnificencia
esfuerzo	fugaces	individual	magnífico
esmeralda	fugitiva	infinito	magos
esparcidos	fúnebre	inflado	maléfico
especial	gatuno	ingrato	malvados
espía	gazapo	inicial	mansedumbre
espinoso	gigantesca	ininteligible	mármol
espionaje	glotona	inmenso	matorrales
espléndido	grande	inquieto	matrimonio
esponjoso	grato	insólita	melancolía

menor	obligatorio	otoñal	posterior
mentón	observación	pacto	postreros
mesías	observador	pálidos	potro
mesocéfalo	oca	parchís	precipitado
mezquino	occipital	parkasé	preconcebido
miedoso	ocultos	particular	presos
mísero	ocupaciones	pavor	prevaricadores
misteriosa	odioso	peculiar	prevenido
modesto	ofensivos	penal	previa
monopolio	ojeada	pendientes	progreso
muchedumbre	olvido	penumbra	prolijo
muerto	ominosa	peña	prosperidad
nativo	opaca	perejil	quebrantadas
naturalidad	optimista	pesado	racista
negruzco	opulento	pesimista	rapidez
nervioso	orbe	pesquisa	rara
nocturno	oriental	piedad	rasposas
nombrado	original	pirámide	recibidas
nostalgia	oscuros	poderoso	reconocido

recorrido	rubí	soberbio	trébol
reducido	rudo	sobremanera	treinta
regia	ruidoso	sofocante	tremendas
regocijo	ruinosas	solícito	tristeza
relucientes	sabroso	sólo	tropel
reñida	sagrada	soltero	trucha
repletas	salidas	sombrío	tumbos
reprimida	saliente	sorprendido	tumulto
resistente	sano	sosa	tupidos
respetable	seco	sospechosas	único
resplandecientes	semejante	subsidiarias	vagos
retirado	sencilla	suntuosa	valla
ridículos	separadas	superioridad	vapuleado
rigurosa	serpientes	suspicaces	vergel
riqueza	servidor	temeroso	vergüenza
risa	sierra	terraplén	verja
risibles	simpático	tierna	vicio
risueño	singular	torcida	vulgar
rizado	siniestra	tranquilo	yegua
robusto	sistema	transcurso	zafiro